Pescetarisches Kochbuch

Die leckersten Rezepte der pescetarischen Küche

Hennes Mankow

Email: info@edition-lunerion.de
www.edition-lunerion.de

Psiana eCom UG
Berumer Str. 44
26844 Jemgum

Vorwort

Eigentlich möchten Sie sich längst gesünder ernähren? Veganismus ist Ihnen jedoch zu streng, außerdem fürchten Sie Nährstoffmängel? Und auch bei vegetarischem Essen fehlt Ihnen noch etwas? Dann ist pescetarische Ernährung die maßgeschneiderte Lösung für Ihre zukünftigen Essgewohnheiten! Denn hier ergänzen Sie vegetarische Speisen um die gesunde Vielfalt der Fische & Meeresfrüchte, kommen ganz ohne ungesundes Fleisch aus und tun sich damit etwas Gutes – ohne lästigen Verzicht, dafür mit maximalem Genuss!

Für Pescetarier ist die Sache klar: Gemüse, Teigwaren, Milchprodukte, Fisch und Meeresfrüchte ja bitte – Fleisch, nein danke. Und dafür gibt es gute Gründe, denn schließlich sind insbesondere rotes Fleisch und verarbeitete Wurstwaren mittlerweile als Gesundheits- und Klimakiller bekannt, wohingegen pflanzenreiche Kost sowohl unserem Körper als auch dem Planeten schmeichelt. Fisch und Meeresfrüchten kommt jedoch noch einmal eine besondere Bedeutung zu: Sie liefern eine Vielzahl an lebenswichtigen Inhaltsstoffen wie essentielle Aminosäuren und Omega-3-Fettsäuren, die in anderen Lebensmitteln oft schwer zu finden sind. Einschränkungen und Verzicht? Nicht für Pescetarier! Denn schließlich steht mit Köstlichkeiten wie Pasta, Käse, Lachs, Beeren, Gemüse, Miesmuscheln und zahlreichen weiteren Delikatessen ein schier unendliches Universum des Genusses zur Verfügung. Die vielfältigen und leckeren Rezepte in diesem Kochbuch werden nun dafür sorgen, dass Sie an Schnitzel, Steak & Co. keinen Gedanken mehr verschwenden!

Guten Appetit!

INHALT

Salate 34

Vegetarische Hauptgerichte 46

Hauptgerichte mit Fisch 66

Gerichte mit Meeresfrüchten 84

Wissenswertes auf einen Blick

Während sich manche Kulturen geographisch bedingt schon seit jeher überwiegend von Fischen und Meeresfrüchten ernähren, erfreut sich der Pescetarismus seit den 1980ern auch trendbedingt einer immer größeren Beliebtheit. So werden dieser Ernährungsform unzählige positive Auswirkungen auf Körper, Geist und auch die Umwelt zugeschrieben. Außerdem stellt der Pescetarismus für viele Menschen, die ihren Fleischkonsum überdenken und reduzieren wollen, ein guter Zwischenschritt in Richtung Vegetarismus oder gar Veganismus dar.

Das Fleisch fand einst schon aus finanziellen Gründen wesentlich seltener den Weg in unsere Küchen, während es heutzutage so günstig und in Mengen wie nie zuvor erhältlich ist. Doch das übermäßige Verspeisen von Fleisch geriet in den letzten Jahren immer mehr in die Kritik. Und das nicht zu Unrecht. Massentierhaltung, Umweltverschmutzung durch Zucht und Verarbeitung, steigendes Krebsrisiko unter Konsumenten, Übergewicht. Fleisch als Lebensmittel steht aufgrund von zahlreichen belegten und vermuteten negativen Aspekten unter Beschuss. Da scheint die pescetarische Ernährung eine gute Abhilfe für Menschen zu sein, die diese negativen Auswirkungen nicht länger mitverantworten wollen, denen jedoch der Schritt zum Vegetarismus oder Veganismus zu umständlich erscheint.

Und tatsächlich. Gegenüber dem Verzehr von Fleisch birgt jener von Fisch einige Vorteile. Zum einen ist Fisch eine hervorragende Proteinquelle, enthalten die meisten Sorten doch alle essenziellen Aminosäuren, – also die

Bestandteile von Proteinen – die der menschliche Körper zur normalen Funktion, zur Regeneration und auch z. B. zum Aufbau von Muskeln benötigt. Dabei hat die pescetarische Ernährung den Vorteil gegenüber dem Veganismus, dass nicht verschiedenste Proteinquellen kombiniert werden müssen, um das Ziel der Aufnahme aller essenziellen Aminosäuren zu erreichen.

Ein weiterer immenser Vorteil der pescetarischen Ernährung ist der hohe Anteil der mehrfach ungesättigten Omega-3-Fettsäuren, welche von Algen gebildet werden, welche über die Nahrungskette dann vor allem in den Fischen der Meere und damit auf den Tellern der Pescetarier landen.

In der heutigen Zeit nehmen die Menschen vor allem die andere Sorte der ungesättigten Fettsäuren, die sogenannten Omega-6-Fettsäuren, auf. Die Namen dieser richten sich nach der Entfernung der Doppelbindung in der chemischen Struktur, also der „ungesättigten" Bindung vom Ende der Fettsäure. Halten sich Omega-3 und Omega-6 die Waage, ist alles im Lot. Mit einer einseitigen Ernährung mit Omega-6-haltigen Lebensmitteln jedoch gehen einige Risiken einher.

So steht diese einseitige Ernährung im Verdacht, Erkrankungen des Herz-Kreislauf-Systems zu unterstützen, Entzündungsreaktionen im Körper zu begünstigen und den Fettstoffwechsel des Menschen zu beeinflussen. Ein Ausgleich dieser Fette, die vor allem in Fleisch und Milchprodukten vorkommen, über die gezielte Ernährung mit Omega-3-haltigen Lebensmitteln kann leicht über eine Umstellung zum Pescetarismus erfolgen. Gerade fetter Fisch wie der Lachs enthalten große Mengen davon. Doch mit dem Verzicht auf Fleisch kommen nicht nur die Vorteile der Fische und Meeresfrüchte ins Spiel. Pescetarier essen im Schnitt sehr häufig rein vegetarische Mahlzeiten und nehmen damit wesentlich mehr rein pflanzliche Lebensmittel zu sich. Dadurch zeigt sich einer der positivsten Effekte des Pescetarismus.

Die pescetarische Ernährung, in welcher auf jegliches tierische Fleisch, bis auf das von Fischen und Meeresfrüchten, verzichtet wird, bietet, wie Sie herausfinden werden, einen enormen Nährwert und das für so gut wie jedermann!

Frühstück

KÜRBIS-PORRIDGE

2 Port.

10 Min.

Leicht

Zutaten

120 g Haferflocken (zart)
2 EL gepuffter Quinoa
200 ml Milch (Kuhmilch oder pflanzliche Milch wie z. B. Mandelmilch)
2 Bananen
2 EL Mandelmus
4 El Kürbispüree
1 TL Zimt

Nährwerte p. P.

487 kcal
74 g Kohlenhydrate
13 g Fett
15 g Eiweiß

1 Haferflocken, Kürbispüree, Zimt und Milch in einem kleinen Topf bei mittlerer Hitze erwärmen, bis das Porridge die charakteristische cremige Konsistenz bekommt.

2 Die Bananen in Scheiben schneiden. Das Porridge zum Anrichten in 2 Schüsseln füllen und je eine der geschnittenen Bananen, einen EL Mandelmus und einen EL Quinoa als Topping darüber geben.

GEFÜLLTE AVOCADO-HÄLFTEN

 4 Port.  20 Min.  Mittel

Zutaten

2 Avocados
150 g Räucherlachs
4 Eier
½ Zwiebel
½ Zitrone
2 Stängel frische Petersilie
1 EL Olivenöl
Salz und Pfeffer

Nährwerte p. P.

397 kcal
2 g Kohlenhydrate
36 g Fett
14 g Eiweiß

1 Halbieren Sie die Avocados, entkernen Sie sie und träufeln Sie dann etwas Olivenöl und den Saft der halben Zitrone auf die Hälften. Vergrößern Sie mit einem Teelöffel die Vertiefungen an den Stellen, an denen der Kern einlag.

2 Geben Sie die Avocados auf ein Backblech, legen Sie dann je eine Scheibe des Räucherlachses in die Öffnungen und schlagen Sie je ein Ei so hinein. Würzen Sie mit Salz und Pfeffer nach und backen Sie die Avocados dann für ca. 15 Minuten bei 200 °C Ober/Unterhitze, so dass die Eier in den Hälften pochieren.

3 Die Zwiebel schälen und fein hacken, ebenso die Petersilie waschen und fein hacken.

4 Die Avocados nach dem Backen mit Zwiebel und Petersilie garnieren.

SMOOTHIE-BOWL MIT BEEREN

2 Port.

15 Min.

Leicht

Zutaten

500 g gemischte Beeren (TK)
2 Bananen
300 ml Milch (oder pflanzliche Alternative)
4 EL zarte Haferflocken
4 TL Ahornsirup
2 TL Leinsamen
2 TL Kokosraspeln
20 g frische Heidelbeeren

Nährwerte p. P.

508 kcal
69 g Kohlenhydrate
18 g Fett
12 g Eiweiß

1 Die tiefgekühlten Beeren etwas antauen lassen und dann zusammen mit den Bananen, der Milch, den Haferflocken und dem Ahornsirup in einem Standmixer so lange zerkleinern, bis eine homogene Creme entsteht.

2 Die Smoothie-Bowl auf 2 Schüsseln aufteilen und mit je 1 TL Kokosraspeln und Leinsamen sowie den frischen Heidelbeeren bestreuen.

LACHS-FRISCHKÄSE-BAGEL

4 Port.

10 Min.

Leicht

Zutaten

150 g Frischkäse
2 Mohnbagels
2 Sesambagels
180 g Räucherlachs
¼ Zitrone
Salz und Pfeffer

Nährwerte p. P.

491 kcal
61 g Kohlenhydrate
18 g Fett
22 g Eiweiß

1 Die Zitrone auspressen und den aufgefangenen Saft mit Frischkäse, Salz und Pfeffer mischen.

2 Halbieren Sie die Bagels und bestreichen Sie die unteren Hälften mit dem Frischkäse. Auf diesem werden dann die Scheiben Räucherlachs verteilt und die Bagels mit den oberen Hälften wieder geschlossen.

GRÜNER FRÜHSTÜCKS-SMOOTHIE

2 Port.

5 Min.

Leicht

Zutaten

2 Äpfel
1 Bananen
30 g Heidelbeeren (frisch oder TK)
30 g Spinat (frisch)
1 Zitrone

Nährwerte p. P.

157 kcal
33 g Kohlenhydrate
1 g Fett
2 g Eiweiß

1 Äpfel, Heidelbeeren und Spinat waschen. Die Banane schälen. Die Zitrone auspressen und den Saft auffangen.

2 Alle Zutaten in einen (Hochleistungs-) Mixer oder einen Smoothiemaker geben, ca. 200 ml Wasser zugeben und alles mixen, bis der Smoothie die gewünschte Konsistenz hat. Durch Zugabe/Reduzierung des Wassers kann hier variiert werden.

BIRCHER MÜSLI

 4 Port.

 15 Min.

 Leicht

Zutaten

200 g Haferflocken
500 ml Milch (3,5% Fett)
2 Äpfel
1 Zitrone
3 TL Honig
100 g Nussmischung (Mandeln, Walnüsse, Haselnüsse)

Nährwerte p. P.

450 kcal
57 g Kohlenhydrate
17 g Fett
15 g Eiweiß

1 Geben Sie die Haferflocken zusammen mit 250 ml der Milch in eine Schüssel, fügen Sie den Saft der Hälfte der Zitrone hinzu und vermischen sie alles gut miteinander. Diese Schüssel mit dem Müsli sollte nun für mindestens 2 Stunden im Kühlschrank ziehen.

2 Rösten Sie die Hälfte der Nüsse im Ganzen in einer Pfanne an und hacken sie die andere Hälfte klein. Die gehackten Nüsse kommen mit zu der Hafer-Milch-Mischung.

3 Die Äpfel waschen und anschließend mit einer Reibe in eine kleine Schüssel reiben. Geben Sie den Saft der übrigen Zitronenhälfte auf die Apfel-Stückchen, rühren Sie diese gut um und geben Sie dann alles zusammen zum Müsli.

4 Die übrige Milch nach Belieben dazu nutzen, um das Müsli etwas flüssiger zu machen.

5 Fügen Sie den Honig hinzu, verrühren Sie alles gut miteinander und geben Sie die angerösteten Nüsse als Garnitur obenauf. Die übrige Milch nach Belieben dazu nutzen, um das Müsli etwas flüssiger zu machen.

Tipp: Lassen Sie die Haferflocken mit der Milch über Nacht ziehen, so wird das Müsli besonders cremig.

SOMMERLICHER OBSTSALAT

4 Port.

10 Min.

Leicht

Zutaten

500 g Erdbeeren
100 g Heidelbeeren
2 Äpfel
400 g Weintrauben
3 Bananen
400 g Ananas
1 Zitrone
3 Orangen
1 Pfirsich
1 Prise Zimt
2 Stängel Minze

Nährwerte p. P.

345 kcal
73 g Kohlenhydrate
2 g Fett
4 g Eiweiß

1 Schälen Sie die Bananen und die Ananas und schneiden Sie beides in mundgerechte Stücke.

2 Waschen Sie die Beeren, Äpfel, Weintrauben und den Pfirsich. Befreien Sie Äpfel und Pfirsich von den Kernen und schneiden Sie alles in Stücke.

3 Die Obststücke in eine große Schüssel geben. Pressen Sie die Orangen und die Zitrone aus und geben Sie den Saft zusammen mit der Prise Zimt und der Minze als Dressing an den Salat.

SCHNELLE BANANEN-PANCAKES

2 Port.

7 Min.

Leicht

Zutaten

2 Bananen
4 Eier
1 EL Rapsöl

Nährwerte p. P.

345 kcal
31 g Kohlenhydrate
18 g Fett
13 g Eiweiß

1 Geben Sie Bananen und Eier in eine Schüssel und pürieren Sie beides mit einem Pürierstab zu einer Masse.

2 Das Öl in einer Pfanne auf mittlerer Stufe erhitzen und den Pancake-Teig darin ausbraten.

Snacks & Fingerfood

LAUCH-KÄSE-SCHNECKEN

8 Port.

60 Min.

Mittel

Zutaten

750 g Mehl
1 ½ Päckchen Trockenhefe
3 TL Zucker
30 ml Milch, 3,5 % Fett
80 g Butter
800 g Lauch
400 g Schmand
3 Tomaten
200 g Gouda
Salz und Pfeffer
1 TL Oregano

Nährwerte p. P.

104 kcal
12 g Kohlenhydrate
4 g Fett
7 g Eiweiß

1 Geben Sie das Mehl in eine große Schüssel, bilden Sie eine Mulde darin und geben Sie Hefe, Zucker und die Milch hinein. Alles zu einem Teig verrühren und für mindestens 10 Minuten gehen lassen.

2 Die Butter in einer Mikrowelle oder in einem kleinen Topf zum Schmelzen bringen und zusammen mit 1 ½ TL Salz zum Teig hinzufügen. Diesen dann lange und gut durchkneten, bis der Teig seine Klebrigkeit verliert. Bei Bedarf noch etwas Milch hinzufügen. Der Teig sollte dann für mindestens 1 Stunde gehen.

3 Waschen Sie den Lauch gründlich und schneiden Sie ihn in feine Ringe. Die Tomaten ebenso waschen und achteln.

4 Den Teig auf 2 Portionen aufteilen und sehr dünn in Rechteck-Form ausrollen. Streichen Sie den Schmand auf dem Teig aus, streuen Sie den Lauch und die Tomaten darüber und reiben Sie den Gouda so, dass alles bedeckt ist. Wurzen Sie mit Salz, Pfeffer und Oregano und rollen Sie den Teig dann auf.

5 Mit einem Messer die Rollen zu Schnecken schneiden und diese dann für ca. 30 Minuten bei 160 °C Umluft backen.

RADIESCHENGRÜN-SMOOTHIE

2 Port.

15 Min.

Leicht

Zutaten

30 g Radieschengrün
2 Bananen
½ Zitrone
2 TL Leinöl
150 ml Apfelsaft

Nährwerte p. P.

186 kcal
26 g Kohlenhydrate
8 g Fett
1 g Eiweiß

1 Waschen Sie das Radieschengrün, schälen Sie die Bananen und geben Sie beides zusammen mit dem Saft der halben Zitrone, dem Leinöl und dem Apfelsaft in einen Hochleistungsmixer oder einen Smoothiemaker.

2 Mixen Sie alles, bis es die gewünschte Konsistenz hat, durch die Zugabe von Wasser können Sie die Smoothies etwas flüssiger machen.

HUMMUS MIT ROHKOST-STICKS

2 Port.

15 Min.

Leicht

Zutaten

1 Gurke
3 große Karotten
400 g Kichererbsen (Dose)
2 Zehen Knoblauch
½ Zitrone
3 EL Olivenöl
2 EL Tahini (Sesammus)
Salz und Pfeffer
Cumin
Koriander (gemahlen)
¼ Bund frische Petersilie

Nährwerte p. P.

346 kcal
27 g Kohlenhydrate
20 g Fett
10 g Eiweiß

1 Gurke und Karotten waschen und in kleine Sticks schneiden.

2 Gießen Sie die Kichererbsen durch ein Sieb ab und füllen Sie diese in eine Schüssel.

3 Den Knoblauch schälen und durch eine Knoblauchpresse mit zu den Kichererbsen pressen.

4 Fügen Sie den Saft der halben Zitrone, das Olivenöl, die Tahini sowie je eine Prise Salz, Pfeffer, Cumin und Koriander hinzu.

5 Mixen Sie die Zutaten in einem Standmixer oder mit einem Pürierstab, bis eine sämige, klumpen-freie Masse entstanden ist. Füllen Sie den Hummus in eine Schüssel.

6 Waschen Sie die Petersilie, hacken Sie sie und streuen Sie sie auf den Hummus, um anschließend alles zusammen mit den Rohkost-Sticks zu servieren.

LACHS-SPINAT-ROLLE

 2 Port.  40 Min.  Mittel

Zutaten

130 g Räucherlachs
130 g Spinat
120 g Frischkäse (Doppelrahmstufe)
2 Eier
½ Bund Dill
1 Prise Muskat
Salz und Pfeffer
½ Zitrone

Nährwerte p. P.

367 kcal
6 g Kohlenhydrate
28 g Fett
24 g Eiweiß

1 Die Eigelbe vom Eiweiß trennen und zusammen mit dem Spinat, etwas Muskat, Salz und Pfeffer in einem Standmixer oder mit einem Pürierstab zu einer Masse zerkleinern.

2 Schlagen Sie das Eiweiß steif und heben Sie es dann unter die Masse.

3 Diese dann für 10 bis 13 Minuten im Ofen bei 180 °C Ober-/Unterhitze zu einer Art Teigplatte backen.

4 Den Teig vorsichtig vom Backblech nehmen und für 1 bis 2 Stunden komplett abkühlen lassen.

5 Den Dill waschen und klein hacken und dann zusammen mit Frischkäse, dem Saft der halben Zitrone sowie einer Prise Salz und Pfeffer zu einer Creme rühren.

6 Diese Creme dann auf dem ausgekühlten Spinatteig verstreichen und diesen dann einrollen.

FISCH-SANDWICH AUS DEM GLAS

4 Port.

40 Min.

Mittel

Zutaten

130 g Räucherforelle
2 Eier
2 Scheiben Weißbrot
2 EL Butter
200 g Schmand
2 El Joghurt
2 Bund Dill
2 EL Senf
1 Zucchini
3 Tomaten
1 EL Honig
½ Granatapfel
20 g Pinienkerne
1 EL Olivenöl
Salz und Pfeffer
Paprika, edelsüß

Nährwerte p. P.

336 kcal
17 g Kohlenhydrate
23 g Fett
15 g Eiweiß

1 Würfeln Sie das Brot und braten Sie es in der Butter kross an. Die Eier hart kochen, abkühlen lassen und ebenso würfeln. Die Forelle in mundgerechte Stücke schneiden oder reißen.

2 Waschen Sie die Zucchini und hobeln Sie sie mit einem Sparschäler in feine Streifen. Waschen Sie die Tomate, entkernen Sie sie und würfeln Sie diese ebenfalls. Die Pinienkerne in einer kleinen Pfanne goldbraun anrösten.

3 Waschen und hacken Sie den Dill, verrühren Sie ihn dann mit Joghurt, Olivenöl, Schmand, Honig und Senf und schmecken Sie diese Sauce dann mit Salz, Pfeffer und Paprika, edelsüß, ab.

4 Stellen Sie die Gläser, in denen serviert werden soll, bereit, schichten Sie abwechselnd Zucchini, Sauce, Eier, Brot, Tomaten und die Forelle in dieser Reihenfolge auf und geben Sie als Topping die Pinienkerne und die Kerne des Granatapfels darüber.

THUNFISCH-CREME MIT WEIẞBROT

4 Port.

15 Min.

Leicht

Zutaten

200 g Weißbrot (z. B. Ciabatta)
2 Dosen Thunfisch (im eigenen Saft, achten Sie wenn möglich auf handgeangelten)
5 Frühlingszwiebeln
3 EL Mayonnaise
3 EL Schmand
1 EL Kapern
½ Bund frische Petersilie
¼ Zitrone
Salz und Pfeffer

Nährwerte p. P.

230 kcal
28 g Kohlenhydrate
10 g Fett
5 g Eiweiß

1 Schneiden Sie die Kapern und den Thunfisch in kleine Stücke. Waschen Sie die Frühlingszwiebeln und schneiden Sie sie in Ringe. Trennen Sie dabei den weißen Anteil vom Grünen. Waschen Sie die Petersilie und hacken Sie sie fein.

2 Vermengen Sie den weißen Anteil der Frühlingszwiebeln mit den Kapern, dem Fisch, der Petersilie, der Mayonnaise und dem Schmand zu einer homogenen Masse. Würzen Sie diese mit Salz, Pfeffer und dem Salz der geviertelten Zitrone.

3 Schneiden Sie das Weißbrot in Scheiben und servieren Sie es mit der Creme und dem grünen Anteil der Frühlingszwiebeln, welcher eine hervorragende Garnitur abgibt.

ROLLMOPS

8 Port.

45 Min.

Schwer

Zutaten

15 Heringe (frisch)
2 Zwiebeln
600 ml Kräuteressig
200 g Zucker
2 EL Senfkörner
8 Lorbeerblätter
10 schwarze Pfefferkörner
20 Gewürzgurken
Salz

Nährwerte p. P.

390 kcal
24 g Kohlenhydrate
20 g Fett
28 g Eiweiß

1 Vermischen Sie 500 ml des Essigs mit 400 ml Wasser und geben Sie ca. 70 g Salz hinzu. Rühren Sie diesen Sud gut um, so dass sich das Salz vollständig auflöst.

2 Legen Sie die Fische in den Sud, in welchem Sie jetzt für 2 bis 3 Tage gekühlt ziehen müssen.

3 Vermengen Sie 40 g Salz, 100 ml des Essigs mit ca. 1,2 Liter Wasser, den Senfkörnern, dem Pfeffer und den Lorbeerblättern in einem großen Topf. Kochen Sie diesen zweiten Sud kurz und lassen Sie ihn abschließend komplett abkühlen.

4 Holen Sie die Heringe aus dem ersten Sud, schneiden Sie sie an der Unterseite längs ein und klappen Sie die Fische auf. Nun müssen Sie vorsichtig die Mittelgräte samt Schwanzflosse entfernen. Nehmen Sie dazu am besten ein scharfes, kleines Messer zur Hilfe.

5 Schälen Sie die Zwiebeln und schneiden Sie sie in längliche, kleine Stücke. Ebenso die Gewürzgurken in etwa gleichgroße Stücke schneiden.

6 Füllen Sie die aufgeklappten Heringe mit je einem Stück Gurke und Zwiebel und verschließen Sie die Fische dann wieder mittels eines Zahnstochers.

7 Geben Sie die Rollmöpse in eine große Schüssel, begießen Sie sie mit dem zweiten, inzwischen abgekühlten Sud und lassen Sie sie nochmals für etwa 3 bis 4 Tage gut gekühlt ziehen.

FORELLEN-HÄPPCHEN

 8 Port.

 30 Min.

 Mittel

Zutaten

130 g Forellenfilet (geräuchert)
8 Scheiben Vollkornbrot
¼ Zitrone
1 Petersilienwurzel
1 TL Paprika (rosenscharf)
100 g Frischkäse
4 Äpfel
Salz und Pfeffer

Nährwerte p. P.

188 kcal
26 g Kohlenhydrate
5 g Fett
8 g Eiweiß

1 Waschen und entkernen Sie einen der Äpfel und schälen Sie die Petersilienwurzel. Raspeln Sie beides mit einer Reibe fein.

2 Waschen Sie die übrigen Äpfel, befreien Sie auch diese vom Kern und schneiden Sie sie in feine Scheiben. Pressen Sie das Viertel der Zitrone aus und geben Sie den Saft auf die Apfelscheiben.

3 Zerreißen Sie die Forellenfilets mittels einer Gabel und vermengen Sie sie mit einem EL des Frischkäses und des Apfel-Petersilienwurzel-Gemischs. Würzen Sie diese Masse mit Paprika, rosenscharf, und je einer Prise Salz und Pfeffer.

4 Rösten Sie das Brot in einem Toaster oder einer Pfanne an und bestreichen Sie die Scheiben dann gleichmäßig mit dem Frischkäse.

5 Legen Sie dann je 2 bis 3 Apfelscheiben auf und geben Sie zum Abschluss je eine Portion der Forellenmasse darauf.

LACHS-ORANGEN-SCHNITTEN

4 Port.

10 Min.

Leicht

Zutaten

180 g Räucherlachs
2 Orangen
8 Scheiben Vollkorn-brot
160 g Frischkäse
½ Bund frischer Dill
Pfeffer

Nährwerte p. P.

424 kcal
47 g Kohlenhydrate
15 g Fett
20 g Eiweiß

1 Streichen Sie den Frischkäse großzügig auf die Brotscheiben.

2 Schälen und filetieren Sie die Orangen. Waschen Sie den Dill und hacken Sie ihn fein.

3 Belegen Sie die Brote mit Lachs und Orange. Streuen Sie etwas Dill darüber und geben Sie je eine Prise Pfeffer darauf.

SPAGHETTI VONGOLE – SPAGHETTI MIT VENUSMUSCHELN

2 Port.

50 Min.

Mittel

Zutaten

250 g Spaghetti
500 g Venusmuscheln
2 Zehen Knoblauch
3 EL Olivenöl
70 ml Weißwein (trocken)
10 kleine Tomaten
1 kleine rote Chilischote
5 Stängel glatte Petersilie (frisch)
Salz und Pfeffer

Nährwerte p. P.

869 kcal
105 g Kohlenhydrate
25 g Fett
47 g Eiweiß

1 Legen Sie die Muscheln für 2 bis 3 Stunden in kaltem Salzwasser ein und entfernen Sie geöffnete oder beschädigte Muscheln.

2 Kochen Sie die Spaghetti gemäß der Packungsanweisung in Salzwasser bissfest.

3 Waschen Sie die Chili, befreien Sie sie von den Kernen und hacken Sie sie in feine Streifen. Ebenso den Knoblauch schälen und fein hacken. Die Petersilie waschen und fein hacken. Die Tomaten waschen und vierteln.

4 Erhitzen Sie das Olivenöl in einer großen Pfanne auf mittlerer Stufe und braten Sie darin Chili und Knoblauch an. Geben Sie dann die Muscheln mit in die Pfanne und braten Sie diese für ca. 5 Minuten mit an.

5 Löschen Sie die Muscheln mit dem Weißwein ab und geben Sie dann Tomaten und Petersilie dazu.

6 Gießen Sie die Spaghetti durch ein Sieb ab, geben Sie sie mit in die Pfanne, vermengen Sie alles gut miteinander und schmecken Sie mit Salz und Pfeffer ab.

FRITTIERTE SARDELLEN

4 Port.

20 Min.

Mittel

Zutaten

500 g Sardellen
(frisch oder TK)
40 g Mehl
Salz und Pfeffer
300 ml Rapsöl
1 Zitrone

Nährwerte p. P.

341 kcal
4 g Kohlenhydrate
28 g Fett
19 g Eiweiß

1 Die Sardellen-Köpfe mit samt der Innereien entfernen. Dafür am einfachsten die Köpfe mit einer Drehbewegung abnehmen und dabei das Innere mit hinausziehen. Die Fische dann waschen und etwas trocken tupfen.

2 Das Mehl mit etwas Salz und Pfeffer vermengen und darin die Sardellen wenden, bis sie großflächig vom Mehl bedeckt sind.

3 Das Öl in einem Topf erhitzen und die Sardellen darin für ca. 5 Minuten frittieren.

4 Servieren Sie die Fische mit dem Saft der Zitrone.

WEIßE BOHNEN-CREME

4 Port.

15 Min.

Leicht

Zutaten

400 g weiße Bohnen (Dose)
1 Zehe Knoblauch
2 TL Tahini
2 TL Mandelmus
1 TL Rosmarin (getrocknet)
2 El Olivenöl
1 TL Cumin
¼ Zitrone
300 g Weißbrot

Nährwerte p. P.

340 kcal
41 g Kohlenhydrate
13 g Fett
12 g Eiweiß

1 Schälen Sie den Knoblauch und braten Sie ihn im Ganzen ohne Öl kurz in einer kleinen Pfanne goldbraun an.

2 Vermengen Sie Knoblauch, Bohnen, Tahini, Mandelmus, Rosmarin, Olivenöl und Cumin mit dem Saft des Zitronenviertels in einer Schüssel miteinander und pürieren Sie alles zu einer glatten Masse.

3 Servieren Sie die Creme mit Scheiben des Weißbrotes.

Bowls

LACHS-POKEBOWL

 4 Port.
 35 Min.
 Mittel

Zutaten

250 g Vollkornreis
1 Mango
1 Avocado
2 Karotten
1 Gurke
1 Bund Radieschen
2 Limetten
2 EL Reisessig
3 EL Rapsöl
500 g Lachsfilet
(frisch in Sushiqualität)
2 Frühlingszwiebeln
1 EL Sesam

Nährwerte p. P.

762 kcal
59 g Kohlenhydrate
40 g Fett
37 g Eiweiß

1 Den Reis nach Packungsanweisung kochen, die Mango schälen und würfeln, die Avocado halbieren, vom Kern befreien und in Streifen schneiden.

2 Die Karotten schälen und mit einer Reibe klein raspeln. Gurke und Radieschen waschen und in dünne Scheiben schneiden oder hobeln.

3 Den Saft der Limetten mit Reisessig, Öl und je einer Prise Salz und Pfeffer zu einem Dressing verrühren. Die Frühlingszwiebeln waschen und in Ringe schneiden.

4 Tupfen Sie den Lachs mit einem Papiertuch trocken, falls er noch zu feucht sein sollte, und schneiden Sie ihn dann mit einem scharfen Messer in Würfel.

5 Richten Sie die Bowls an, indem Sie den Reis als Basis einfüllen. Dann das Gemüse und den Lachs in Sechstel-Kreisen darauf schichten.

6 Anschließend das Dressing darüber geben und Frühlingszwiebeln und Sesam als Topping aufstreuen.

BUDDHA-BOWL MIT BULGUR

6 Port.

45 Min.

Leicht

Zutaten

400 g Bulgur
2 Avocados
2 Paprika (rot oder gelb)
4 Zwiebeln
4 Tomaten
180 g Hummus
½ Dose Kichererbsen
1 Gurke
250 g Feta
6 Frühlingszwiebeln
50 g Tomatenmark
1 Zitrone
½ Bund Petersilie
3 EL weißer Balsamicoessig
Salz und Pfeffer
4 EL Olivenöl
½ TL Cumin

Nährwerte p. P.

774 kcal
71 g Kohlenhydrate
40 g Fett
24 g Eiweiß

1 Kochen Sie den Bulgur wie auf der Packung angegeben. Die Zwiebeln schälen, fein würfeln und in 2 EL Olivenöl glasig anschwitzen. Sobald sie die gewünschte Garstufe haben, mit 1 EL Balsamico ablöschen und vom Herd nehmen.

2 Waschen Sie Paprikas, Tomaten, Gurke und Frühlingszwiebeln, würfeln Sie anschließend Paprikas, Tomaten und Gurke und schneiden Sie die Frühlingszwiebeln in feine Ringe.

3 Halbieren Sie die Avocado und befreien Sie sie vom Kern. Mit einem scharfen Messer die Avocadohälften innerhalb der Schale in Scheiben schneiden und diese dann mit einem Esslöffel vorsichtig herausholen.

4 Den gekochten Bulgur mit dem Tomatenmark, 2 EL Olivenöl und den Frühlingszwiebel-Ringen vermengen und mit Salz, Pfeffer und Cumin abschmecken.

5 Stellen Sie 6 Schüsseln bereit, geben Sie den Bulgur als Basis hinein und geben Sie dann je eine Portion des Gemüses darauf. Die Kichererbsen darüber geben, den Feta zerbröckeln und ebenso hinzufügen.

6 Zuletzt den Hummus und den Saft der Zitrone als Soße dazu geben.

FRÜHSTÜCKSBOWL MIT LACHS

2 Port.

20 Min.

Leicht

Zutaten

4 Eier
4 Scheiben Räucherlachs
200 g frischer Babyspinat
½ Bund frische Petersilie (glatt)
½ Bund frischer Schnittlauch
Salz und Pfeffer
2 EL Sesam
4 El Olivenöl
1 Zitrone

Nährwerte p. P.

553 kcal
7 g Kohlenhydrate
49 g Fett
20 g Eiweiß

1 Kochen Sie die Eier in einem großen Topf für ca. 8 Minuten, so dass das Eigelb wachsweich ist. Sollten Sie hart gekochte Eier bevorzugen, beträgt die Kochzeit 12 bis 15 Minuten. Anschließend die Eier mit kaltem Wasser abschrecken.

2 Waschen Sie Babyspinat, Petersilie und Schnittlauch. Teilen Sie den Spinat auf 2 Schüsseln auf, hacken Sie die Kräuter fein und geben Sie sie zum Spinat.

3 Für das Dressing Olivenöl und den Saft der Zitrone mit Salz und Pfeffer verrühren.

4 Schälen Sie die Eier, halbieren Sie sie und legen Sie sie auf Spinat und Kräuter. Ebenso je 2 Scheiben des Räucherlachses hinzufügen.

5 Abschließend die Bowl mit Sesam und dem Dressing toppen.

FALAFEL-BOWL

 4 Port.  30 Min.  Mittel

Zutaten

400 g Rotkohl
3 Tomaten
1 Gurke
2 Dosen Kichererbsen
1 Zwiebel
2 Zehen Knoblauch
1 Ei
1 EL Semmelbrösel
120 g Couscous
250 ml Gemüsebrühe
500 g Joghurt (4 %)
50 g Mandelsplitter
2 EL Olivenöl
2 EL weißer Balsamico
5 EL Rapsöl
1 Bund frischer Koriander
1 Bund frische Minze
½ Bund frische Petersilie
Salz und Pfeffer
Cumin

Nährwerte p. P.

627 kcal
60 g Kohlenhydrate
30 g Fett
23 g Eiweiß

1 Waschen Sie den Rotkohl und raspeln Sie ihn in kleine Stücke. Geben Sie diese Raspeln in eine Schüssel und vermengen Sie sie mit 2 EL Olivenöl und dem Essig.

2 Waschen Sie Gurke und Tomaten und schneiden Sie beides in mundgerechte Stücke. Waschen Sie ebenso Koriander und Minze und hacken Sie beides fein. Vermengen Sie die Hälfte der Kräuter mit den Tomaten und der Gurke und würzen Sie mit je einer Prise Salz und Pfeffer.

3 Gießen Sie die Kichererbsen ab. Schälen Sie die Zwiebel und den Knoblauch, würfeln Sie beides fein und geben Sie sie dann zusammen mit den Kichererbsen, dem Ei, den Semmelbröseln, einer Prise Salz, einem halben TL Cumin und der Petersilie in einen Mixer und pürieren Sie alles zu einer glatten Masse.

4 Geben Sie den Couscous in eine Schüssel, übergießen Sie ihn mit der heißen Brühe und lassen Sie ihn für 10 bis 12 Minuten quellen.

5 Vermischen Sie den Joghurt mit der übrigen Minze und dem Koriander und schmecken Sie die Sauce mit Salz und Pfeffer ab.

6 Geben Sie das Rapsöl in eine hohe Pfanne auf hoher Stufe. Formen Sie aus dem Falafel-Teig kleine Bällchen und braten Sie diese im Rapsöl aus, bis sie goldbraun und knusprig sind.

7 Geben Sie als Basis für die Bowl den Couscous in die Schüsseln, richten Sie dann Falafel, Rotkrautsalat und Tomaten-Gurken-Salat je als Drittel-Kreise darauf an. Geben Sie abschließend die Sauce darüber und toppen Sie die Bowls mit den Mandelsplittern.

SHRIMP-QUINOA-BOWL

4 Port. 35 Min. Mittel

Zutaten

200 g geschälte Shrimps (frisch)
300 g Brokkoli (frisch)
2 rote Paprika
300 g Quinoa
2 Avocados
200 g Babyspinat (frisch)
1 Zitrone
2 Zehen Knoblauch
1 EL Reisessig
1 EL Tahini (Sesam-Mus)
5 EL Rapsöl
Salz und Pfeffer
1 TL Chiligewürz
2 EL Sojasauce
1 Prise Koriander (gemahlen)
1 Liter Gemüsebrühe
2 EL Sesamsamen

Nährwerte p. P.

755 kcal
57 g Kohlenhydrate
43 g Fett
27 g Eiweiß

1 Spülen Sie den Quinoa in einem feinen Sieb mit warmem Wasser ab und kochen Sie ihn dann in einem Topf mit der Gemüsebrühe bei mittlerer Hitze für ca. 20 Minuten. Gießen Sie den Quinoa dann durch ein Sieb ab.

2 Schneiden Sie den Brokkoli in mundgerechte Röschen, waschen Sie diese ab und kochen Sie sie dann in einem Topf mit Salzwasser für ca. 15 Minuten.

3 Geben Sie 2 EL Rapsöl in eine große Pfanne und braten Sie darin die Shrimps bei hoher Hitze von allen Seiten knusprig an. Kurz bevor sie den gewünschten Gar-Grad erreicht haben, pressen Sie den Knoblauch dazu, geben das Chiligewürz mit in die Pfanne und braten beides für 1 bis 2 Minuten mit an.

4 Halbieren Sie die Avocados, entfernen Sie den Kern und schneiden Sie sie in Streifen, welche Sie dann einfach mit einem Löffel aus der Schale hebeln können. Pressen Sie die Zitrone aus und geben Sie den Saft auf die Avocado-Streifen.

5 Waschen Sie die Paprikaschoten und schneiden Sie sie in mundgerechte Stücke. Waschen Sie den Babyspinat.

6 Vermengen Sie 3 EL Rapsöl, den Reisessig, Tahini, Sojasauce und Koriander zu einer Art Dressing.

7 Richten Sie die Bowls an, indem Sie den Quinoa als Basis in die Schüssel geben und dann Paprikas, Brokkoli, Shrimps, Spinat und Avocado nebeneinander darauf geben. Streuen Sie als Topping die Sesamsamen darüber und geben Sie etwas von dem Dressing darauf.

VEGANE POKE-BOWL

 4 Port.

 50 Min.

 Mittel

Zutaten

250 g Vollkornreis
300 g Räuchertofu
200 g Kichererbsen (aus der Dose)
3 große Karotten
8 Radieschen
1 große Gurke
1 Granatapfel
½ Bund frischer Koriander
3 EL Erdnussmus
1 rote Chilischote
1 Zehe Knoblauch
4 EL Teriyaki-Sauce
1 EL Sojasauce
1 EL Agavendicksaft
½ Zitrone
3 EL geröstete Erdnüsse
2 TL Kurkuma
1 TL Koriander (gemahlen)
2 EL Olivenöl
1 EL Kokosöl
1 EL Cumin
Salz und Pfeffer

Nährwerte p. P.

625 kcal
68 g Kohlenhydrate
26 g Fett
25 g Eiweiß

1 Kochen Sie den Reis nach Packungsanweisung in Salzwasser. Schütten Sie die Kichererbsen durch ein Sieb ab, geben Sie sie in eine Schüssel und vermengen Sie sie mit Olivenöl, Cumin, einem TL Kurkuma und etwas Salz und Pfeffer. Vermengen Sie alles gut miteinander, so dass die Marinade großflächig auf den Kichererbsen haftet, und geben Sie diese danach auf einem Backblech für ca. 25 Minuten bei 180 °C Ober-/Unterhitze in den Backofen, bis sie knusprig sind.

2 Schneiden Sie den Tofu in Würfel und würzen Sie ihn mit Sojasauce, 1 TL Kurkuma und dem gemahlenen Koriander. Geben Sie anschließend das Kokosöl in eine große Pfanne und braten Sie die Würfel darin bei mittlerer Hitze für 10 bis 15 Minuten von allen Seiten an.

3 Waschen Sie die Karotten und schneiden Sie sie mit einem Sparschäler in dünne Streifen. Ebenso die Radieschen waschen und in dünne Scheiben schneiden. Die Gurke waschen und würfeln. Den frischen Koriander waschen und fein hacken.

4 Lösen Sie die Granatapfelkerne aus dem Gehäuse. Dies gelingt am einfachsten, wenn Sie den Granatapfel halbieren und dann mit einem Kochlöffel die Kerne „herausklopfen".

5 Geben Sie Erdnussmus, Teriyaki-Sauce, den Saft der halben Zitrone und den Agavendicksaft in eine Schüssel und verrühren Sie alles gut miteinander. Waschen Sie die Chilischote, befreien Sie sie von den Kernen und schneiden Sie sie in sehr feine Stücke. Schälen Sie den Knoblauch und pressen Sie ihn durch eine Knoblauchpresse. Geben Sie dann Chili und Knoblauch mit zur Sauce und vermengen Sie alles gut miteinander.

6 Geben Sie zuerst den Reis in die Schüssel und richten Sie dann Tofu, Kichererbsen, Gurke, Karotten und Radieschen darauf an. Verteilen Sie die Granatapfelkerne und die gerösteten Erdnüsse als Topping auf den Bowls und geben Sie die Sauce darüber.

NINJA-BOWL MIT THUNFISCH-TATAR

4 Port.

100 Min.

Schwer

Zutaten

900 g Thunfisch (Sushi-Qualität)
8 Jakobsmuscheln
3 Zucchini
2 rote Paprika
2 große Gurken
1 Avocado
300 g Edamame (tiefgekühlt)
3 Noriblätter (Algenblätter, die z. B. für Sushi
verwendet werden)
1 Daumennagel-großes Stück Ingwer
1 Zehe Knoblauch
500 ml Sojasauce
4 EL Agavendicksaft
3 EL Erdnussmus
200 ml Hafermilch
4 Frühlingszwiebeln
3 EL Sesamsamen
1 Bund frischen Koriander
2 EL Sesamöl
2 TL Ras-el-Hanout (marokkanische Gewürzmischung)
1 EL Olivenöl

1 In einer großen Pfanne die Knoblauchzehe im Ganzen kurz anrösten. Dann die Sesamsamen dazugeben und ebenfalls für 1 bis 2 Minuten mitrösten. Löschen Sie beides dann mit 400 ml Sojasauce ab und lassen Sie diese kurz aufkochen. Nehmen Sie die Pfanne dann vom Herd und rühren Sie den Agavendicksaft unter. Diese Marinade muss nun für mindestens 3 Stunden ziehen und eindicken. Dies gelingt am besten, wenn man sie über Nacht im Kühlschrank lagert.

2 Schneiden Sie den Thunfisch in sehr feine Würfel und geben Sie diese in eine Schüssel. Waschen Sie Koriander und Frühlingszwiebeln, hacken Sie beides fein und geben Sie es zum Fisch. Ebenso den Ingwer schälen, fein reiben und mit in die Schüssel geben. Zusätzlich 5 EL der eingedickten Marinade, Ras-El-Hanout, das Sesamöl und nochmals 4 EL Sojasauce zum Thunfischtatar hinzufügen und alles gut miteinander verrühren. Lassen Sie die Marinade für ca. 1 Stunde im Kühlschrank gut einziehen.

3 Geben Sie das Erdnussmus in einen kleinen Topf und erhitzen Sie es, bis es beginnt, sich zu verflüssigen. Schütten Sie dann die Hafermilch und 4 EL Sojasauce dazu, salzen und pfeffern Sie die Sauce und rühren Sie alles gut um, bis sie eine homogene Konsistenz hat.

4 Kochen Sie die Edamame in Salzwasser gar. Waschen und würfeln Sie Gurke und Paprikaschoten.

Nährwerte p. P.

920 kcal
38 g Kohlenhydrate
48 g Fett
79 g Eiweiß

5 Schneiden Sie die Zucchini mit einem Sparschäler oder einer speziellen Gemüsespirale in zarte Streifen. Halbieren Sie die Avocado und schneiden Sie sie in Streifen.

6 Braten Sie die Jakobsmuscheln bei hoher Hitze in einem EL Olivenöl für ca. 2 Minuten an. Schneiden Sie die Noriblätter zu kleinen Splittern.

7 Richten Sie die Bowls an, indem Sie zuerst die Zucchinistreifen als Basis in die Schüssel geben und anschließend Avocado-Streifen, Paprika, Gurke und Edamame. Geben Sie auch noch etwas von der eingedickten Marinade auf das Gemüse und abschließend das Lachstatar, die Jakobsmuscheln und die Nori-Stückchen. Servieren Sie die Bowls dann zusammen mit der Erdnusssauce.

Salate

WAKAME – JAPANISCHER ALGENSALAT

4 Port.

20 Min.

Leicht

Zutaten

60 g Wakame (getrocknet, erhältlich in asiatischen Lebensmittelläden)
3 EL Reisessig
2 EL Sesamöl
½ Limette
1 Daumennagel-großes Stück Ingwer
1 EL brauner Zucker
1 Zehe Knoblauch
¼ Bund frischer Koriander
Chilipulver
2 EL Sesam

Nährwerte p. P.

653 kcal
20 g Kohlenhydrate
50 g Fett
30 g Eiweiß

1 Gießen Sie den Wakame gemäß der Packungsanweisung mit heißem Wasser auf und lassen Sie ihn für ca. 10 Minuten einweichen.

2 Vermengen Sie Essig, Öl, den Saft der halben Limette, den Zucker und 1 TL des Chilipulvers in einer kleinen Schüssel. Reiben Sie den Ingwer mit einer feinen Reibe dazu. Ebenso den Knoblauch schälen und durch eine Knoblauchpresse mit in die Schüssel geben. Vermengen Sie alles gut miteinander zu einer Art Dressing.

3 Gießen Sie den Wakame durch ein feines Sieb ab, wringen Sie noch etwas Flüssigkeit aus ihm heraus und lassen Sie ihn dann noch etwas abkühlen, bevor Sie ihn mit dem Dressing vermischen. Lassen Sie den angemachten Salat noch für ca. eine Stunde im Kühlschrank durchziehen, so dass die Algen gut durchgezogen sind, und garnieren Sie ihn mit dem Sesam.

SCHÄFER SALAT

4 Port.

15 Min.

Leicht

Zutaten

2 Zwiebeln
300 g Feta
5 große Tomaten
1 ½ Gurken
3 EL Olivenöl
2 EL weißer Balsamico
2 TL Oregano
Salz und Pfeffer

Nährwerte p. P.

309 kcal
6 g Kohlenhydrate
25 g Fett
14 g Eiweiß

1 Schälen Sie die Zwiebeln und schneiden Sie sie in feine Ringe.

2 Waschen Sie Gurken und Tomaten und schneiden Sie sie in etwas größere Stücke.

3 Mischen Sie Öl, Balsamico und Oregano zusammen mit je einer Prise Salz und Pfeffer zu einem Dressing.

4 Vermengen Sie das Gemüse mit dem Dressing und bröseln Sie per Hand den Feta darüber.

PANGASIUS AVOCADO-SALAT

4 Port.

30 Min.

Mittel

Zutaten

600 g Pangasius (frisch)
1 Avocado
1 Bund Frühlingszwiebeln
6 große Tomaten
2 Chilischoten (frisch)
4 Zehen Knoblauch
¼ Bund Koriander
Salz und Pfeffer
3 Limetten
3 EL Olivenöl

Nährwerte p. P.

428 kcal
11 g Kohlenhydrate
25 g Fett
36 g Eiweiß

1 Würzen Sie das Fischfilet auf beiden Seiten mit Salz und Pfeffer und dämpfen Sie es anschließend in einem Sieb oder einem speziellen Einsatz für ca. 10 Minuten. Den gegarten Fisch dann vollständig abkühlen lassen.

2 Entkernen Sie die Avocado und schneiden Sie sie in Streifen, welche Sie dann einfach mit einem Löffel aus der Schale hebeln können.

3 Waschen Sie die Frühlingszwiebeln und die Tomaten. Schneiden Sie die Zwiebeln in feine Ringe und achteln Sie die Tomaten.

4 Waschen Sie die Chilis und hacken Sie sie dann fein. Ebenso den Knoblauch schälen und fein hacken.

5 Mischen Sie die Chilis und den Knoblauch mit dem Saft der Limetten, dem Olivenöl und je einer Portion Salz und Pfeffer zu einem Dressing.

6 Vermengen Sie vorsichtig Fisch, Avocados, Frühlingszwiebeln und Tomaten und heben Sie das Dressing unter.

7 Waschen Sie den Koriander, hacken Sie ihn fein und geben Sie ihn dann als Garnitur auf den Salat.

COUSCOUS-SALAT

4 Port.

35 Min.

Leicht

Zutaten

300 g Couscous
1 Zehe Knoblauch
1 rote Paprika
1 Zwiebel
200 g Feta
100 g Pinienkerne
2 Tomaten
4 Frühlingszwiebeln
1 Salatgurke
5 EL Olivenöl
½ Zitrone (Bio-Qualität)
Salz und Pfeffer
1 TL Koriander (gemahlen)
1 TL Cumin
2 EL weißer Balsamico
200 ml leichte Gemüsebrühe

Nährwerte p. P.

693 kcal
62 g Kohlenhydrate
36 g Fett
26 g Eiweiß

1 Geben Sie den Couscous in eine große Schüssel, übergießen Sie ihn mit der warmen Brühe und lassen Sie ihn für ca. 10 Minuten quellen.

2 Waschen Sie Paprika, Gurke und Tomaten und schneiden Sie alles in mundgerechte Stücke. Ebenso die Frühlingszwiebeln waschen und in feine Ringe hacken.

3 Schälen und würfeln Sie die Zwiebel und schwitzen Sie sie dann in 1 EL Olivenöl in einer kleinen Pfanne für 4 bis 5 Minuten an.

4 Lassen Sie den Couscous und die Zwiebel etwas abkühlen und vermengen Sie sie dann miteinander sowie mit dem geschnittenen frischen Gemüse. Pressen Sie den Knoblauch durch eine Presse dazu.

5 Reiben Sie die Schale der Zitrone dazu und pressen Sie auch den Saft der Zitrone hinein.

6 Fügen Sie das übrige Olivenöl, Balsamico, Koriander und Cumin hinzu und vermengen Sie alles gut miteinander.

7 Rösten Sie die Pinienkerne kurz goldbraun an. Schneiden Sie den Feta in kleine Würfel. Heben Sie beides unter den Salat.

ITALIENISCHER CALAMARI-SALAT

4 Port.

75 Min.

Mittel

Zutaten

600 g Oktopus
(frisch oder TK)
1 Zitrone
6 Zehen Knoblauch
1 Bund frische Petersilie
7 EL Olivenöl
Salz und Pfeffer

Nährwerte p. P.

376 kcal
7 g Kohlenhydrate
26 g Fett
28 g Eiweiß

1 Kochen Sie den Oktopus bei unterer Hitze für ca. 40 Minuten in einem großen Topf. Er ist gar, wenn man mit einer Gabel gut in ihn hineinstechen kann. Sollten Sie tiefgekühlte Ware benutzen, richten Sie sich ggf. nach der Packungsanleitung.

2 Ist der Oktopus gar, nehmen Sie den Topf von der Herdplatte, geben Sie etwas Salz in den Sud und lassen Sie den Oktopus dann im Topf abkühlen.

3 Hacken Sie den Knoblauch fein. Waschen Sie die Petersilie und hacken Sie auch diese fein. Vermengen Sie dann beides mit dem Saft der Zitrone, dem Olivenöl und je einer Prise Salz und Pfeffer zu einem Dressing.

4 Schneiden Sie den abgekühlten Oktopus in Stücke, vermengen Sie ihn gut mit dem Dressing und lassen Sie ihn dann darin für mindestens 3 Stunden ziehen.

BLUMENKOHL-SALAT

 4 Port.

 35 Min.

 Leicht

Zutaten

2 ganze Blumenkohl-Köpfe
1 große Zwiebel
½ Bund Frühlingszwiebeln
½ Bund frischer Schnittlauch
½ Bund frischer Dill
Salz und Pfeffer
6 EL Rapsöl
3 EL Branntweinessig
1 TL Zucker

Nährwerte p. P.

210 kcal
8 g Kohlenhydrate
16 g Fett
6 g Eiweiß

1 Putzen Sie den Blumenkohl, schneiden Sie ihn dann in die mundgerechten Röschen und kochen Sie ihn in gesalzenem Wasser für ca. 10 Minuten. Testen sie zwischendurch den Gar-Grad. Der Blumenkohl sollte noch knackig-fest sein.

2 Schälen Sie die Zwiebel und hacken Sie sie fein. Waschen Sie die Frühlingszwiebeln und schneiden Sie diese in feine Ringe. Waschen Sie Schnittlauch und Dill und hacken Sie beides fein.

3 Mischen Sie Schnittlauch, Dill, Öl, Essig und den Zucker zusammen mit einer Prise Salz und Pfeffer zu einer Art Dressing.

4 Den gekochten Blumenkohl absieben und noch heiß mit dem Dressing vermischen und darin auskühlen lassen.

5 Sobald der Blumenkohl die gewünschte Temperatur hat, die Zwiebel und Frühlingszwiebeln unterheben.

TOMATEN-GRANATAPFEL-SALAT

3 Port. 15 Min. Leicht

Zutaten

200 g rote Cherrytomaten
200 g gelbe Cherrytomaten
1 rote Paprika
1 rote Zwiebel
2 TL weißer Balsamico
2 EL Olivenöl
1 TL Agavendicksaft
1 Granatapfel
½ Bund frische Minze
Salz und Pfeffer

Nährwerte p. P.

177 kcal
17 g Kohlenhydrate
10 g Fett
3 g Eiweiß

1 Waschen und halbieren Sie die Tomaten. Waschen, entkernen und würfeln Sie die Paprika. Schälen Sie die Zwiebel und schneiden Sie sie in feine Ringe.

2 Halbieren Sie den Granatapfel und lösen Sie die Kerne aus dem Gehäuse. Klopfen Sie diese am einfachsten mit einem Kochlöffel aus den Hälften. Waschen Sie die Minze und hacken Sie sie fein. Vermengen Sie alles miteinander.

3 Mischen Sie ein Dressing aus Olivenöl, Balsamico und Agavendicksaft und schmecken Sie es mit Salz und Pfeffer ab.

4 Heben Sie das Dressing unter den Salat.

KAROTTEN-PASTINAKEN-SALAT

3 Port.

15 Min.

Leicht

Zutaten

4 große Karotten
2 Pastinaken
1 Apfel
4 EL Rapsöl
2 EL Branntweinessig
Salz und Pfeffer
1 TL Agavendicksaft

Nährwerte p. P.

271 kcal
30 g Kohlenhydrate
14 g Fett
2 g Eiweiß

1 Waschen Sie Karotten und Pastinaken gründlich und raspeln Sie sie anschließend in eine große Schüssel. Waschen Sie den Apfel, befreien Sie ihn vom Kern und raspeln Sie ihn dazu.

2 Vermengen Sie Öl, Essig und Agavendicksaft mit je einer Prise Salz und Pfeffer zu einem Dressing und heben Sie dieses unter den Salat.

AVOCADO-MANGO-BROKKOLI-SALAT

4 Port.

30 Min.

Leicht

Zutaten

1 Brokkoli
2 Avocados
1 Mango
1 Bund frischer Koriander
2 Limetten
2 TL Tahini
2 TL Sojasauce
2 EL Olivenöl
1 TL Agavendicksaft
Salz und Pfeffer

Nährwerte p. P.

407 kcal
11 g Kohlenhydrate
35 g Fett
7 g Eiweiß

1 Den Brokkoli waschen, in kleine Röschen aufteilen und für ca. 9 Minuten in leicht gesalzenem Wasser blanchieren und anschließend abkühlen.

2 Die Avocado halbieren, vom Kern befreien und in Streifen schneiden. Die Mango schälen und ebenfalls in Streifen schneiden. Den Koriander waschen und fein hacken.

3 Vermengen Sie den Saft der Limetten, Tahini, Sojasauce, Olivenöl und Agavendicksaft mit etwas Salz und Pfeffer zu einem Dressing.

4 Geben Sie den abgekühlten Brokkoli, die Avocado- und Mangostreifen in eine Schüssel, heben Sie den Koriander unter und verrühren Sie alles gut mit dem Dressing.

RÄUCHERLACHS-GURKEN-SALAT

4 Port.

35 Min.

Leicht

Zutaten

200 g Räucherlachs
1 Gurke
300 g Joghurt (4 % Fett)
Salz und Pfeffer
1 Bund Dill

Nährwerte p. P.

275 kcal
9 g Kohlenhydrate
14 g Fett
28 g Eiweiß

1 Schneiden Sie den Lachs in feine Streifen, waschen und würfeln Sie die Gurke.

2 Waschen Sie den Dill und hacken Sie ihn fein. Vermengen Sie dann Dill und Joghurt mit etwas Salz und Pfeffer.

3 Geben Sie Lachs und Salat in eine Schüssel und heben Sie das Joghurt-Dill-Dressing unter.

BUNTER SALAT MIT SCAMPI

2 Port.

40 Min.

Leicht

Zutaten

200 g frische Scampi (geschält und ohne Darm)
200 g Bionda-Salat
80 g Rucola
1 rote Paprika
1 gelbe Paprika
½ Gurke
½ Zwiebel
1 Zehe Knoblauch
3 EL Olivenöl
2 EL Balsamico
1 TL Agavendicksaft
1 TL Senf
½ Zitrone (Bio-Qualität)
½ TL Oregano
1 TL Paprika, rosenscharf
Salz und Pfeffer

Nährwerte p. P.

385 kcal
16 g Kohlenhydrate
24 g Fett
23 g Eiweiß

1 Lollo Bionda und Rucola waschen und trocken schleudern. Die Paprikaschoten waschen, entkernen und klein schneiden. Die Gurke waschen und würfeln. Alles in eine große Schüssel geben.

2 Knoblauch und Zwiebel schälen und fein würfeln.

3 Geben Sie 1 EL Olivenöl in eine Pfanne, erhitzen Sie es auf mittlerer Stufe und braten Sie darin die Scampi von allen Seiten etwas an. Fügen Sie dann Knoblauch, Zwiebel und Paprika, rosenscharf, hinzu und braten Sie alles gemeinsam für 5 bis 6 Minuten an.

4 Mischen Sie das übrige Olivenöl, den Saft der halben Zitrone, Balsamico, Senf und Agavendicksaft mit Oregano und je einer Prise Salz und Pfeffer zu einem Dressing.

5 Heben Sie das Dressing unter den Salat, richten Sie die Scampi darauf an und reiben Sie etwas von der Zitronenschale darüber.

Vegetarische Hauptgerichte

GRÜNES GEMÜSE-CURRY

4 Port.

35 Min.

Leicht

Zutaten

4 EL Grüne Currypaste
2 EL Kokosöl
1 Daumenkuppen-großes Stück Ingwer
2 Zehen Knoblauch
400 ml Kokosmilch
200 ml Gemüsebrühe
2 EL Sojasauce
2 EL brauner Zucker
1 Limette
1 große Zwiebel
1 große Karotte
1 Zucchini
1 rote Paprika
80 g Edamame (TK)
1 Kopf Pak Choi
2 rote Chilis (frisch)
½ Bund Koriander
4 Tassen Reis

Nährwerte p. P.

487 kcal
41 g Kohlenhydrate
31 g Fett
9 g Eiweiß

1 Kochen Sie den Reis mit der doppelten Menge Wasser bzw. nach Packungsanweisung.

2 Ingwer und Knoblauch schälen und fein reiben. Karotte, Zucchini und Paprika waschen und in größere Stücke schneiden. Den Pak Choi waschen und die einzelnen Blätter längs in Streifen schneiden. Die Zwiebel schälen und klein schneiden. Die Chilis waschen und fein hacken. Falls Sie es nicht so scharf haben wollen, können Sie die Chilis vor dem hacken entkernen.

3 Geben Sie das Kokosöl in eine große Pfanne (vorzugsweise in einen Wok) und braten Sie darin auf mittlerer Hitze die Zwiebel, den Knoblauch und den Ingwer für ca. 4 Minuten an. Geben Sie anschließend die Currypaste dazu und braten Sie diese kurz mit an.

4 Geben Sie nach und nach Paprika, Zucchini, Karotte und Chilis hinzu und braten Sie alles mit an.

5 Sobald das Gemüse erste knackige Stellen bekommt, löschen Sie es mit der Sojasauce und der Gemüsebrühe ab und schütten dann die Kokosmilch, den Zucker und den Saft der Limette dazu.

6 Stellen Sie den Herd auf untere Hitze, lassen Sie das Curry für ca. 6 Minuten köcheln und geben Sie dann den Pak Choi und die Edamame dazu.

7 Nach weiteren 5 Minuten den Reis in Schüsseln verteilen und das Curry darüber geben. Waschen Sie den Koriander und hacken Sie ihn dann fein, bevor Sie ihn als Garnitur auf das Curry geben.

SPINAT-LASAGNE

4 Port.

90 Min.

Leicht

Zutaten

800 g Spinat (TK, angetaut)
3 Zwiebeln
3 Zehen Knoblauch
400 g passierte Tomaten
2 EL Tomatenmark
400 g Frischkäse
100 g Parmesan
½ Bund frisches Basilikum
Salz und Pfeffer
½ TL Muskatnuss (gemahlen)
1 TL Paprika, edelsüß
2 TL Oregano
12 Lasagneplatten
2 EL Olivenöl

Nährwerte p. P.

832 kcal
70 g Kohlenhydrate
46 g Fett
32 g Eiweiß

1 Schälen und würfeln Sie die Zwiebeln und den Knoblauch. Waschen und hacken Sie das frische Basilikum.

2 Erhitzen Sie 1 EL Olivenöl in einem Topf und schwitzen Sie 2 der Zwiebeln und eine der Zehen Knoblauch darin glasig an.

3 Geben Sie den Spinat hinzu und rühren Sie ihn mit ein, während er erhitzt.

4 Wenn der Spinat gänzlich aufgetaut ist, fügen Sie den Frischkäse und ½ TL Muskat sowie je eine Prise Salz und Pfeffer hinzu.

5 Erhitzen Sie in einem zweiten Topf 1 EL Olivenöl und schwitzen Sie darin die übrigen Zwiebeln und Knoblauchzehen an.

6 Geben Sie das Tomatenmark dazu und braten Sie dieses ebenfalls kurz mit an, so verliert es seine Säure und wird milder im Geschmack.

7 Gießen Sie die passierten Tomaten dazu und würzen Sie mit Paprika, edelsüß, Oregano und dem frischen Basilikum. Lassen Sie diese Soße noch für ca. 5 Minuten köcheln.

8 Stellen Sie eine große Auflaufform bereit und schichten Sie immer Tomatensauce, Lasagneplatte, Spinat und dann wieder Tomatensauce übereinander. Schließen Sie mit einer Schicht Tomatensauce, reiben Sie den Parmesan darüber und backen Sie die Lasagne dann für ca. 45 Minuten bei 180 °C Umluft.

VEGGIE PAD THAI

 3 Port.  35 Min.  Mittel

Zutaten

200 g Banh Pho (thailändische Bandnudeln)
2 Zwiebeln
2 Zehen Knoblauch
300 g Räuchertofu
2 Frühlingszwiebeln
2 Eier
3 EL Erdnüsse (geröstet)
100 g Sprossen
1 Limette
1 EL brauner Zucker
1 TL Tamarindenpaste (erhältlich in asiatischen Lebensmittelgeschäften)
2 EL Fischsauce (erhältlich in asiatischen Lebensmittelgeschäften)
1 TL Chiligewürz
2 EL Kokosöl
1 EL Sojasauce

Nährwerte p. P.

564 kcal
23 g Kohlenhydrate
57 g Fett
31 g Eiweiß

1 Schälen und würfeln Sie die Zwiebeln und den Knoblauch. Waschen Sie die Frühlingszwiebeln und schneiden Sie sie in feine Ringe. Trennen Sie dabei den grünen vom weißen Anteil.

2 Schneiden Sie den Tofu in ca. 0,5 cm große Würfel und wenden Sie ihn kurz in der Sojasauce. Schlagen Sie die Eier in eine kleine Schüssel und verquirlen Sie sie gründlich. Waschen Sie die Sprossen.

3 Geben Sie die Nudeln auf einen großen Teller, übergießen Sie sie mit heißem Wasser und lassen Sie sie für ca. 15 bis 20 Minuten darin einweichen.

4 Vermengen Sie Zucker, Tamarindenpaste, Fischsauce und Chiligewürz mit 150 bis 200 ml Wasser zu einer Sauce und stellen Sie diese bereit.

5 Erhitzen Sie das Kokosöl in einer großen Pfanne oder einem Wok auf mittlerer Stufe, braten Sie darin Zwiebeln und den weißen Anteil der Frühlingszwiebeln glasig an und geben Sie nach ca. einer Minute den Knoblauch hinzu. Rühren Sie dabei viel um, um zu verhindern, dass etwas anbrennt.

6 Tofu hinzufügen und ebenfalls für ca. 1 Minute mit anbraten. Schaufeln Sie alle Zutaten etwas zur Seite und geben Sie in die entstandene Lücke das verquirlte Ei. Dieses sofort mit entsprechendem Löffel oder einem Holzspachtel weiter verquirlen, so dass eine Art sehr feines Rührei entsteht. Dieses dann mit dem Gemüse weiter verrühren.

7 Geben Sie die Nudeln mit in die Pfanne und verrühren Sie alles gut miteinander, bevor Sie dann noch die Sauce zugeben und diese ebenfalls gut mit einrühren.

8 Geben Sie abschließend noch den grünen Teil der Frühlingszwiebeln und die Sprossen dazu und garen Sie diese für 2 bis 3 Minuten mit.

9 Servieren Sie das Pad Thai mit den Erdnüssen darüber und je einer Spalte der frischen Limette.

Tipp: Damit das Pad Thai gelingt, ist eine gute Mise en Place, also die Bereitstellung aller Zutaten, sehr wichtig.

OFENGEMÜSE MIT JOGHURTDIP

4 Port.

70 Min.

Leicht

Zutaten

2 große Süßkartoffeln
1 rote Bete (frisch)
2 Pastinaken
4 Karotten
8 Kartoffeln
2 rote Paprika
1 große Zucchini
2 Zehen Knoblauch
500 g Joghurt (4 % Fett)
4 EL Olivenöl
1 EL Oregano
1 TL Basilikum
½ TL Cumin
1 TL Paprika, rosenscharf
½ Bund frische Petersilie
½ Bund frischer Schnittlauch
Salz und Pfeffer

Nährwerte p. P.

482 kcal
60 g Kohlenhydrate
19 g Fett
14 g Eiweiß

1 Schälen Sie die Rote Bete und schneiden Sie sie in Spalten. Waschen Sie Süßkartoffeln, Kartoffeln, Karotten, Pastinaken und die Zucchini und schneiden Sie sie in Pommes-ähnliche Streifen. Waschen Sie die Paprika, befreien Sie sie von den Kernen, schneiden Sie sie ebenfalls in Streifen und geben Sie dann das gesamte Gemüse in eine große Schüssel.

2 Geben Sie Olivenöl, Oregano, Basilikum, Cumin und Paprika, rosenscharf, mit etwas Salz und Pfeffer zum Gemüse und vermengen Sie alles so lange, bis das Gemüse großflächig mit der Marinade benetzt ist.

3 Geben Sie das Gemüse auf ein Backblech und backen Sie es für ca. 45 Minuten bei 180 °C Ober-/Unterhitze.

4 Waschen Sie Schnittlauch und Petersilie, hacken Sie dann beides fein und vermengen Sie es in einer Schüssel mit dem Joghurt. Pressen Sie den Knoblauch dazu und schmecken Sie den Dip mit Salz und Pfeffer ab.

5 Wenden Sie das Ofengemüse und stellen Sie den Ofen dann nochmals für ca. 15 Minuten auf 200 °C Umluftgrill, bis das Gemüse eine knusprige Kruste hat.

RAMEN – JAPANISCHE NUDELSUPPE

4 Port.

40 Min.

Mittel

Zutaten

2 Köpfe Pak Choi
120 g Enoki-Pilze
4 große Eier
800 g Ramen-Nudeln
4 TL Tahini (Sesampaste)
4 TL Sesamsaat
4 TL Misopaste
1 l Gemüsebrühe

Nährwerte p. P.

953 kcal
162 g Kohlenhydrate
21 g Fett
27 g Eiweiß

1 Kochen Sie die Eier in einem kleinen Topf für ca. 8 Minuten, so dass das Eigelb eine wachsweiche Konsistenz hat.

2 Bringen Sie in einem großen Topf die Brühe zum Kochen. Waschen Sie den Pak Choi, schneiden Sie dessen Blätter in Streifen und blanchieren Sie diese für 3 bis 4 Minuten in der Brühe. Nehmen Sie den Pak Choi dann wieder aus der Brühe und legen Sie ihn beiseite.

3 Würfeln Sie den Lachs und braten Sie ihn in 2 EL Olivenöl bei mittlerer Hitze rundum für ca. 8 Minuten an. Nehmen Sie den Lachs danach aus der Pfanne.

4 Waschen Sie die Enoki-Pilze, zerkleinern Sie sie in mundgerechte Stücke, kochen Sie auch diese für 3 bis 4 Minuten in der Brühe und nehmen Sie sie dann wieder heraus.

5 Kochen Sie die Ramen-Nudeln entsprechend der Anleitung auf der Verpackung.

6 Stellen Sie 4 Schüsseln parat, geben Sie je einen TL Misopaste und Tahini hinein, gießen Sie die Schüssel halb mit Brühe auf und vermischen Sie die Pasten und die Brühe gut miteinander. Geben Sie dann Nudeln, Pak Choi und Pilze hinein. Schälen Sie die gekochten Eier, halbieren Sie sie und geben Sie auch diese zur Suppe hinzu. Servieren Sie die Ramen mit je einem TL Sesam als Garnitur.

CHILI CON QUINOA

4 Port. 40 Min. Leicht

Zutaten

120 g Quinoa
2 Dosen gestückelte Tomaten
500 g passierte Tomaten
2 grüne Chilischoten
2 Dosen Kidneybohnen
1 Dose Mais
1 Zwiebel
1 Zehe Knoblauch
1 rote Paprika
3 Zehen Knoblauch
2 TL Cumin
15 g Edelbitter-Schokolade
½ Bund frischer Koriander
2 EL Olivenöl

Nährwerte p. P.

523 kcal
74 g Kohlenhydrate
13 g Fett
19 g Eiweiß

1 Geben Sie den Quinoa in ein feines Sieb, waschen Sie ihn unter warmem Wasser ab und kochen Sie ihn dann für ca. 15 Minuten in Salzwasser gar.

2 Schälen und würfeln Sie Zwiebel und Knoblauch und schwitzen Sie beides danach in einem großen Topf im Olivenöl an.

3 Waschen, entkernen und würfeln Sie die Paprika und die Chilis, geben Sie sie mit in den Topf und braten Sie alles für weitere 5 bis 6 Minuten an.

4 Waschen Sie den Koriander und hacken Sie ihn fein. Geben Sie dann die gestückelten und passierten Tomaten mit in den Topf, fügen Sie Cumin, Schokolade und den Koriander hinzu und lassen Sie alles für 20 Minuten köcheln.

5 Gießen Sie die Bohnen und den Mais ab, geben Sie sie zusammen mit dem gekochten Quinoa mit zum Chili und verrühren Sie alles gut miteinander.

VOLLKORN WRAPS MIT KIDNEYBOHNEN UND FETA

4 Port.

70 Min.

Leicht

Zutaten

200 g Dinkel-Vollkornmehl
½ TL Trockenhefe
300 g Joghurt (4 % Fett)
1 Zehe Knoblauch
1 rote Paprika
1 Gurke
200 g Babyspinat (frisch)
200 g Kidneybohnen (Dose)
200 g Feta
200 g Rotkohl
2 EL Olivenöl
1 EL weißer Balsamico
Cumin
Salz und Pfeffer

Nährwerte p. P.

478 kcal
47 g Kohlenhydrate
21 g Fett
22 g Eiweiß

1 Mehl mit der Hefe, dem Cumin, 1 EL Olivenöl, ca. 80 ml Wasser und einer Prise Salz in einer Schüssel vermengen und so lange kneten, bis ein etwas festerer Teig entsteht. Diesen Teig für ca. 1 Stunde ruhen lassen.

2 Den Rotkohl klein raspeln und in einer Schüssel mit je 1 EL Olivenöl und Balsamico vermengen. Lassen Sie auch den Kohl für mindestens 30 Minuten ziehen.

3 Geben Sie den Joghurt in eine Schüssel, pressen Sie den Knoblauch dazu und schmecken Sie die Soße mit Salz und Pfeffer ab.

4 Waschen Sie die Gurke und schneiden Sie sie in kleine Würfel. Ebenso die Paprika waschen, entkernen und klein schneiden. Würfeln Sie den Feta, waschen Sie den Babyspinat, gießen Sie die Kidneybohnen durch ein Sieb ab und waschen Sie sie kurz unter fließendem Wasser ab.

5 Teilen Sie den Teig in 4 bis 6 Teile auf, je nachdem, wie viele Wraps Sie möchten. Rollen Sie die Portionen zu Fladen aus und backen Sie diese in einer großen Pfanne aus.

6 Richten Sie das geschnittene Gemüse, die Kidneybohnen, den Spinat und die Joghurtsoße in einzelnen Schüsseln sowie die Wraps auf einem großen Teller an.

ALOO GOBI – INDISCHES BLUMENKOHL-CURRY

4 Port.

40 Min.

Leicht

Zutaten

6 Kartoffeln
200 g Reis
1 Kopf Blumenkohl
3 Zwiebeln
2 Zehen Knoblauch
1 Daumennagel-großes Stück Ingwer
1 Dose gehackte Tomaten
1 Dose Kokosmilch
½ Bund frischer Koriander
1 TL Kurkuma
1 TL Cumin
1 EL Tomatenmark
2 EL Kokosöl

Nährwerte p. P.

508 kcal
43 g Kohlenhydrate
30 g Fett
11 g Eiweiß

1 Kartoffeln waschen und in kleine Stücke schneiden. Die Zwiebeln und den Knoblauch schälen und fein würfeln. Den Blumenkohl waschen und in mundgerechte Röschen schneiden. Den Ingwer schälen und fein raspeln.

2 Den Reis nach Packungsanweisung in Salzwasser kochen.

3 Das Kokosöl in einer großen Pfanne erhitzen und darin die Zwiebeln und den Knoblauch glasig anschwitzen.

4 Den Ingwer, die Kartoffeln und die Blumenkohlröschen mit in die Pfanne geben, alles für weitere 7 bis 10 Minuten mit anbraten und dann Kokosmilch und die Dose gehackte Tomaten hinzufügen. Das Curry für ca. 15 Minuten köcheln lassen.

5 Den Koriander waschen, fein hacken und zusammen mit Kurkuma, Cumin und Tomatenmark unter das Curry rühren.

6 Servieren Sie das Aloo Gobi mit dem frisch gekochten Reis.

TAGLIATELLE MIT SPINAT-GORGONZOLA-SAUCE

3 Port.

15 Min.

Leicht

Zutaten

500 g Tagliatelle
300 g frischer Spinat
1 Zwiebel
2 Zehen Knoblauch
200 ml Sahne
200 g Gorgonzola
2 EL Olivenöl
Salz und Pfeffer

Nährwerte p. P.

854 kcal
94 g Kohlenhydrate
39 g Fett
28 g Eiweiß

1 Kochen Sie die Tagliatelle gemäß der Packungsanweisung in Salzwasser bissfest.

2 Schälen Sie Zwiebel und Knoblauch und schwitzen Sie beides in einer großen Pfanne bei mittlerer Hitze glasig an.

3 Reduzieren Sie die Hitze der Herdplatte auf eine niedrige Stufe, bröseln Sie den Gorgonzola mit in die Pfanne und fügen Sie dann die Sahne und den Spinat hinzu.

4 Gießen Sie die Nudeln ab, sobald Sie gar sind, und fangen Sie etwas von dem Wasser ab. Vermengen Sie sie dann mit der Soße und schmecken Sie das Gericht mit Salz und Pfeffer ab. Falls die Pasta zu trocken ist, können Sie noch etwas von dem aufgefangenen Nudelwasser untermengen.

SCHNELLER SPARGEL AUS DEM OFEN

4 Port.

60 Min.

Leicht

Zutaten

500 g weißer Spargel
500 g grüner Spargel
5 EL Butter
800 g Kartoffeln
1 Lorbeerblatt
Salz und Pfeffer

Nährwerte p. P.

306 kcal
39 g Kohlenhydrate
11 g Fett
9 g Eiweiß

1 Schälen Sie die Kartoffeln und schneiden Sie größere Exemplare etwas kleiner, so dass alle Teile in etwa die gleiche Größe haben. Geben Sie die Kartoffeln in einen großen Topf und gießen Sie Wasser auf, bis sie vollständig bedeckt sind. Dann ½ EL Salz und das Lorbeerblatt mit ins Wasser geben und die Kartoffeln für ca. 30 Minuten kochen.

2 Waschen Sie den Spargel, schneiden Sie die holzigen Enden ab und schälen Sie mit einem Sparschäler die unteren Hälften etwas ab. Beim grünen Spargel reicht meist weniger als die Hälfte.

3 Teilen Sie grünen und weißen Spargel je auf 4 Portionen auf, legen Sie sie in ein großes Stück Alufolie und geben Sie je 1 EL Butter zusammen mit etwas Salz und Pfeffer darauf.

4 Lassen Sie die Spargel-Pakete für ca. 30 bis 40 Minuten bei 180 °C Ober-/Unterhitze im Ofen braten.

5 Wenn die Kartoffeln gar sind, das Wasser abgießen, das Lorbeerblatt entfernen, einen EL Butter mit in den Topf geben und die Kartoffeln darin mehrmals kräftig umrühren.

FARFALLE MIT BÄRLAUCHSAUCE

3 Port.

15 Min.

Leicht

Zutaten

300 g Farfalle
50 g frischer Bärlauch
1 Zwiebel
80 g Parmesan
200 ml Sahne
1 EL Olivenöl
¼ Bund Petersilie
Salz und Pfeffer

Nährwerte p. P.

559 kcal
73 g Kohlenhydrate
23 g Fett
14 g Eiweiß

1 Schälen und würfeln Sie die Zwiebel, geben Sie das Olivenöl in eine große Pfanne und schwitzen Sie die Zwiebelwürfel darin glasig an.

2 Den Bärlauch waschen, fein hacken und mit in die Pfanne geben. Löschen Sie nach ca. 1 bis 2 Minuten mit der Sahne ab und kochen Sie die Sauce kurz auf.

3 Gießen Sie die gekochten Nudeln durch ein Sieb ab und fangen Sie dabei etwas Nudelwasser auf. Reiben Sie den Parmesan.

4 Geben Sie die Farfalle zusammen mit dem Parmesan mit in die Pfanne, verrühren Sie alles miteinander und schmecken Sie mit Salz und Pfeffer ab. Sollte die Soße zu sehr kleben, noch etwas von dem aufgefangenen Nudelwasser hinzufügen.

5 Die Petersilie waschen, fein hacken und zusammen mit der Pasta servieren.

WALNUSS-RICOTTA-PESTO

4 Port.

15 Min.

Leicht

Zutaten

80 g Walnüsse
130 g Ricotta
40 g italienischer Hartkäse
1 Zehe Knoblauch
30 g frisches Basilikum
2 EL Tomatenmark
1 TL Balsamico
2 EL Walnussöl
Salz und Pfeffer

Nährwerte p. P.

294 kcal
4 g Kohlenhydrate
26 g Fett
10 g Eiweiß

1 Rösten Sie die Walnusskerne für ca. 5 Minuten in einer Pfanne an und lassen Sie sie anschließend etwas abkühlen.

2 Geben Sie die Nüsse, Ricotta, Käse, Knoblauch, Basilikum, Tomatenmark, Balsamico und Walnussöl mit je einer Prise Salz und Pfeffer in einen Mixer und mixen Sie alles zu einer glatten Creme.

Tipp: Das Pesto reicht für etwa 4 Portionen Pasta aus, schmeckt jedoch auch hervorragend als Aufstrich für frische Brote, wie z. B. Ciabatta.

MINESTRONE – ITALIENISCHE GEMÜSESUPPE

4 Port.

80 Min.

Leicht

Zutaten

3 Zwiebeln
2 Stangen Staudensellerie
2 Kartoffeln
2 Karotten
80 g grüne Bohnen
1 Zucchini
2 Zehen Knoblauch
4 EL Butter
4 EL Olivenöl
1 Liter Gemüsebrühe
2 EL Tomatenmark
2 EL Balsamico
150 g gehackte Tomaten (Dose)
30 g italienischer Hartkäse
1 Bund frisches Basilikum
Salz und Pfeffer

Nährwerte p. P.

352 kcal
22 g Kohlenhydrate
25 g Fett
7 g Eiweiß

1 Zwiebeln und Knoblauch schälen und würfeln. Sellerie, Karotten, Kartoffeln und Zucchini waschen und ebenfalls in kleine Würfel schneiden. Das Basilikum waschen und klein hacken.

2 Geben Sie Olivenöl und Butter in einen großen Topf, erhitzen Sie beides auf mittlerer Stufe und schwitzen Sie darin die Zwiebeln glasig an. Fügen Sie dann nach und nach in dieser Reihenfolge Sellerie, Karotten, Kartoffeln, Zucchini, grüne Bohnen und Knoblauch hinzu und braten Sie alles für ca. 10 Minuten an.

3 Geben Sie dann das Tomatenmark hinzu und lassen Sie es für 2 bis 3 Minuten mit anbraten, so dass es seine Säure verliert und sich das volle Aroma entfaltet.

4 Löschen Sie mit den gehackten Tomaten und der Brühe ab, fügen Sie Basilikum hinzu und bröseln Sie den Hartkäse mit zur Suppe.

5 Lassen Sie die Minestrone für ca. 1 Stunde köcheln und schmecken Sie sie mit Salz und Pfeffer ab.

NUSSBRATEN MIT VEGANER BRATEN SAUCE

5 Port.

70Min.

Mittel

Zutaten

100 g Haselnüsse
100 g Walnüsse
50 g Paranüsse
50 g Cashewkerne
50 g Sonnenblumenkerne
20 g Leinsamen
30 g Sesamsamen
8 große Tomaten
2 EL Olivenöl
4 EL Rapsöl
2 EL Tomatenmark
30 g Mehl
2 Zehen Knoblauch
2 Zwiebeln
1 Zucchini
3 Eier
1 TL Oregano
1 TL Paprika, rosenscharf
1 TL Thymian
2 EL Sojasauce
½ Bund frische Petersilie
800 ml Gemüsebrühe
Salz und Pfeffer

Nährwerte p. P.

730 kcal
19 g Kohlenhydrate
62 g Fett
19 g Eiweiß

1 Hacken Sie die Nüsse und Kerne klein bzw. mixen Sie sie in einem Mixer etwas. Dabei sollten sie nicht zu Nuss-Mehl pulverisiert werden, sondern noch stückig sein. Rösten Sie sie dann in einer großen Pfanne ohne Öl-Zugabe für ca. 5 Minuten an.

2 Schälen und würfeln Sie eine der Zwiebeln und schwitzen Sie sie im Olivenöl in einer zweiten Pfanne glasig an. Die Zucchini waschen, ebenfalls klein schneiden und dann für ein paar Minuten mit anbraten. Die Petersilie waschen und fein hacken.

3 Waschen Sie die Tomaten, geben Sie sie zusammen mit den Nüssen, Kernen, Zwiebeln, Zucchini, Eiern, Oregano, Paprika, rosenscharf, Thymian, Petersilie und etwas Salz und Pfeffer in eine große Schüssel und verrühren Sie das Ganze zu einer Masse.

4 Legen Sie eine Auflaufform mit Backpapier aus, geben Sie die Braten-Masse hinein, streichen Sie sie etwas glatt und backen Sie den Braten dann für ca. 60 Minuten bei 180 °C Ober/Unterhitze.

5 Schälen und würfeln Sie auch die zweite Zwiebel und ebenso den Knoblauch.

6 Erhitzen Sie das Rapsöl in einem kleinen Topf und schwitzen Sie Zwiebeln und Knoblauch darin an. Fügen Sie dann Tomatenmark und Mehl hinzu und braten Sie beides ebenfalls noch für 5 Minuten mit an.

7 Geben Sie Brühe und Sojasauce mit in den Topf und lassen Sie die Soße kurz aufkochen. Pürieren Sie sie anschließend glatt und servieren Sie sie heiß mit dem frischen Braten.

ROTE BETE-SUPPE

 4 Port.
 80 Min.
 Leicht

Zutaten

3 rote Bete
2 Stangen Staudensellerie
2 Frühlingszwiebeln
3 Zehen Knoblauch
½ Limette
500 ml Gemüsebrühe
400 ml Kokosmilch
2 EL Olivenöl
1 TL Cumin
1 TL Weißweinessig
Salz und Pfeffer

Nährwerte p. P.

364 kcal
14 g Kohlenhydrate
31 g Fett
4 g Eiweiß

1 Schälen und würfeln Sie die rote Bete. Waschen Sie Sellerie und Frühlingszwiebeln und schneiden sie beides in kleine Ringe. Schälen Sie den Knoblauch und pressen Sie ihn durch eine Knoblauchpresse klein.

2 Erhitzen Sie das Olivenöl in einem Topf und braten Sie das Gemüse darin für ca. 15 Minuten an.

3 Geben Sie dann etwas Cumin, Salz und Pfeffer dazu. Waschen Sie die halbe Limette, reiben Sie ihre Schale mit in den Topf und löschen Sie alles mit dem Essig, dem Saft der Limette und der Gemüsebrühe ab. Lassen Sie die Suppe dann für ca. 35 Minuten unter gelegentlichem Umrühren kochen.

4 Nehmen Sie einen Pürierstab zur Hand und pürieren Sie die Suppe glatt, fügen Sie die Kokosmilch hinzu und kochen Sie alles nochmals kurz auf.

RATATOUILLE – FRANZÖSISCHER GEMÜSEEINTOPF

4 Port.

80 Min.

Leicht

Zutaten

1 Aubergine
2 rote Zwiebeln
1 Zucchini
1 rote Paprika
2 Zehen Knoblauch
600 g gehackte Tomaten (Dose)
2 EL Olivenöl
2 Bünde frischer Thymian
1 Bund frisches Basilikum
1 EL weißer Balsamico
80 ml Rotwein (trocken)
Salz und Pfeffer

Nährwerte p. P.

207 kcal
20 g Kohlenhydrate
9 g Fett
6 g Eiweiß

1 Waschen und würfeln Sie Aubergine, Paprika und Zucchini. Schälen Sie Zwiebeln und Knoblauch und schneiden Sie beides in kleine Stücke. Waschen Sie Thymian und Basilikum und hacken Sie beides fein.

2 Erhitzen Sie das Öl in einem großen Topf und schwitzen Sie darin die Zwiebeln und den Knoblauch an.

3 Fügen Sie Paprika, Aubergine und Zucchini hinzu und braten Sie alles für 5 bis 7 Minuten an.

4 Löschen Sie das Gemüse mit Rotwein und Essig ab und lassen Sie beides etwas reduzieren.

5 Geben Sie dann die gehackten Tomaten, Thymian, Basilikum und ca. 400 ml Wasser hinzu und lassen Sie alles für ca. 45 Minuten köcheln.

6 Schmecken Sie das Ratatouille mit Salz und Pfeffer ab.

GEFÜLLTER BUTTERNUT-KÜRBIS

4 Port.

120 Min.

Mittel

Zutaten

1 Butternut-Kürbis
2 Karotten
½ Knolle Sellerie
1 Zwiebel
2 Zehen Knoblauch
100 g Reis
250 ml Gemüsebrühe
30 g Walnüsse
2 EL Sojasauce
¼ Bund frischer Salbei
1 TL getrockneter Rosmarin
1 Limette
2 TL Tahini
Salz und Pfeffer
4 El Olivenöl

Nährwerte p. P.

441 kcal
48 g Kohlenhydrate
23 g Fett
9 g Eiweiß

1 Halbieren Sie den Kürbis längsseits, entfernen Sie die Kerne mit einem Löffel und waschen Sie ihn aus.

2 Verstreichen Sie 2 EL des Olivenöls auf dem Kürbis und lassen Sie ihn für etwa 70 Minuten bei 200 °C Ober-/Unterhitze im Ofen backen.

3 Schälen und würfeln Sie Zwiebel, Knoblauch, Karotten und Sellerie. Waschen und hacken Sie den Salbei klein. Hacken Sie die Walnüsse klein.

4 Erhitzen Sie das übrige Öl bei mittlerer Hitze in einer großen Pfanne und braten Sie das Gemüse darin für 10 Minuten an.

5 Fügen Sie den Reis hinzu, braten Sie diesen auch für 2 bis 3 Minuten mit an und löschen Sie dann mit der Brühe ab. Lassen Sie alles für ca. 20 Minuten köcheln, bis der Reis den Großteil der Flüssigkeit aufgesogen hat.

6 Nach dem Backen das Kürbis-Fruchtfleisch mit einem Löffel ausschaben und zusammen mit den Walnüssen, der Sojasauce, dem Salbei, der Tahini und dem Saft der Limette in die Pfanne geben. Würzen Sie alles noch etwas mit Salz und Pfeffer und vermengen Sie es gut miteinander.

7 Füllen Sie die Masse in den Kürbis zurück, knoten Sie ihn mit etwas Hanfschnur o. Ä. zu und backen Sie ihn nochmals für ca. 30 Minuten bei 180 °C Ober-/Unterhitze.

KARTOFFELTALER MIT ROSMARIN

4 Port.

80 Min.

Mittel

Zutaten

1 kg Kartoffeln
4 Stängel frischer Rosmarin
3 EL Olivenöl
3 EL Butter
2 EL weißer Balsamico
6 Zehen Knoblauch

Nährwerte p. P.

370 kcal
46 g Kohlenhydrate
17 g Fett
6 g Eiweiß

1 Die Kartoffeln waschen und für ca. 10 Minuten in leicht gesalzenem Wasser kochen.

2 Nehmen Sie die Kartoffeln aus dem Topf, vermengen Sie sie mit der Butter und einer Prise Salz und Pfeffer und backen Sie sie dann auf einem Backblech für ca. 30 Minuten bei 180 °C Ober-/Unterhitze.

3 Waschen Sie den Rosmarin und zupfen Sie die Blätter ab. Vermischen Sie diese dann zusammen mit dem Essig, dem Olivenöl und den ganzen Knoblauchzehen.

4 Nehmen Sie das Backblech aus dem Ofen und zerstampfen Sie die Kartoffeln mit dem Boden eines Topfes oder einem Kartoffelstampfer zu Talern. Bestreichen Sie diese Taler dann großzügig mit dem Olivenöl-Rosmarin-Gemisch und backen Sie sie für weitere 30 Minuten im Ofen. Um sie besonders kross zu bekommen, können Sie die letzten 5 bis 10 Minuten auf 200 °C Umluftgrill umstellen.

Hauptgerichte mit Fisch

BOUILLABAISSE – FRANZÖSISCHE FISCHSUPPE

4 Port.
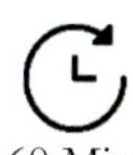
60 Min.

Schwer

Zutaten

800 g frisches Fischfilet (gemischt, z. B. Wolfsbarsch, Seeteufel, Rotbarbe)
200 g Garnelen mit Schale (frisch)
300 g frische Miesmuscheln
400 ml Fischfond
2 Zwiebeln
3 Zehen Knoblauch
2 Karotten
½ Knollensellerie
½ Lauch
1 Fenchelknolle
3 Tomaten
250 ml Weißwein (trocken)
2 TL Tomatenmark
5 Stängel Thymian
2 Lorbeerblätter
3 EL Olivenöl
Salz und Pfeffer

Nährwerte p. P.

287 kcal
15 g Kohlenhydrate
22 g Fett
68 g Eiweiß

1 Zwiebeln und Knoblauch schälen und fein hacken. Karotten und Sellerie schälen und würfeln. Fenchel und Lauch waschen und ebenso in kleine Stücke schneiden.

2 Die Tomaten in einer Schüssel mit kochendem Wasser begießen, 1 Minute darin lassen und dann mit kaltem Wasser abschrecken. Schälen Sie die Tomaten mit Hilfe eines spitzen und scharfen Messers, entfernen Sie dann die Kerne mit einem Löffel und schneiden Sie sie in kleine Würfel.

3 In einem großen Topf die Zwiebeln und den Knoblauch in 3 EL Olivenöl auf mittlerer Hitze glasig anschwitzen und dann das restliche geschnittene zerkleinerte Gemüse hinzufügen und für 10 bis 15 Minuten mit anbraten.

4 Das Tomatenmark zugeben, für 2 bis 3 Minuten mit anbraten und anschließend mit Weißwein und Fischfond ablöschen. Geben Sie Thymian, die Lorbeerblätter sowie eine Portion Salz und Pfeffer hinzu und kochen Sie die Suppe kurz bei oberster Hitze auf. Die Bouillabaisse dann für ca. 15 Minuten bei mittlerer Hitze köcheln lassen.

5 Waschen Sie den Fisch unter kaltem Wasser ab, tupfen Sie ihn dann mit einem Papiertuch trocken und schneiden Sie ihn in Würfel.

6 Waschen Sie die Miesmuscheln gründlich ab und entfernen Sie Schmutz mit einer Bürste. Muscheln, die bereits geöffnet sind oder deren Panzer beschädigt ist, müssen unbedingt aussortiert werden!

7 Schälen Sie die Garnelen und geben Sie sie dann zusammen mit dem Fisch und den Muscheln in die Suppe.

8 Die Bouillabaisse muss dann nochmals für ca. 15 Minuten bei mittlerer Hitze köcheln, bevor Sie sie mit Salz und Pfeffer abschmecken und servieren können.

Tipp: Dazu passt hervorragend frisches (selbst gebackenes) Weißbrot und ein halbtrockener Weißwein, wie z. B. ein Riesling.

SAHNEHERING MIT SALZKARTOFFELN

4 Port.

60 Min.

Mittel

Zutaten

500 g Heringsfilet
2 rote Zwiebeln
1 Apfel
6 Essiggurken
200 g Saure Sahne
200 g Schmand
800 g Kartoffeln
½ Zitrone
1 TL Senfkörner
1 Lorbeerblatt
1 Korn Piment
½ Bund Dill
Salz und Pfeffer
1 TL Zucker
1 EL Weißweinessig
2 EL Butter

Nährwerte p. P.

714 kcal
45 g Kohlenhydrate
46 g Fett
28 g Eiweiß

1 Schälen und würfeln Sie die Zwiebel, waschen Sie den Apfel, befreien Sie ihn vom Kerngehäuse und schneiden Sie ihn in kleine Würfel. Ebenso die Essiggurken fein würfeln.

2 Waschen Sie den Dill und hacken Sie ihn fein. Geben Sie Sahne, Schmand und die bisher vorbereiteten Zutaten in eine große Schüssel.

3 Fügen Sie Dill, Essig, Lorbeerblatt, Piment, Senfkörner, etwas Salz und Pfeffer sowie 1 TL Zucker hinzu. Geben Sie dann den Fisch in die Soße, vermengen Sie alles und lassen Sie den Sahnehering dann für mindestens 2 Stunden, optimalerweise über Nacht ziehen.

4 Schälen Sie die Kartoffeln, geben Sie sie in einen großen Topf und gießen Sie so viel kaltes Wasser auf, dass alle Knollen gerade so bedeckt sind. Salzen Sie das Wasser und kochen Sie die Kartoffeln dann für ca. 20 Minuten, bis sie gar sind.

5 Gießen Sie die Kartoffeln durch ein Sieb ab, geben Sie sie zusammen mit der Butter wieder in den Topf und würzen Sie gegebenenfalls noch etwas mit Salz nach. Den Deckel auf den Topf geben und diesen 2- bis 3-mal kräftig schütteln.

6 Die heißen Kartoffeln mit dem gekühlten Fisch servieren.

FORELLE MÜLLERIN ART

2 Port.

30 Min.

Mittel

Zutaten

400 g frische Forelle (2 Stk.)
150 g Mehl
5 EL Butter
2 EL Mandeln (gehobelt)
1 Zitrone (Bio-Qualität)
Salz und Pfeffer
¼ Bund frische Petersilie

Nährwerte p. P.

724 kcal
54 g Kohlenhydrate
35 g Fett
48 g Eiweiß

1 Waschen Sie die Zitrone und schneiden Sie sie in Spalten.

2 Falls die Forelle noch nicht ausgenommen und entschuppt wurde, tun Sie dies. Fischhändler übernehmen diesen Schritt in der Regel gerne für Sie, wenn Sie beim Einkauf danach fragen.

3 Die Forellen gründlich waschen und dann mit Papiertüchern trocken tupfen. Würzen Sie die Forelle von außen und innen mit Salz und Pfeffer und pressen Sie je eine der Zitronenspalten darüber aus.

4 Verteilen Sie das Mehl auf einer sauberen Oberfläche oder einem Teller und wenden Sie die Forellen darin, bis sie flächig einen Mantel aus Mehl haben.

5 Geben Sie 4 EL der Butter in eine große Pfanne und erhitzen Sie diese auf mittlerer Stufe. Sobald die Butter geschmolzen ist, geben Sie die Forellen hinein.

6 Die Forellen müssen jeweils ca. 5 bis 6 Minuten pro Seite braten. Versuchen Sie, den Fisch nur einmal zu wenden, so verhindern Sie das Auseinanderfallen des zarten Fleisches.

7 Geben Sie den übrigen EL Butter in eine kleine Pfanne und braten Sie die Mandeln kurz an, so dass sie etwas Farbe bekommen.

8 Waschen Sie die Petersilie und hacken Sie sie fein. Sobald die Forellen fertig gebraten sind, garnieren Sie diese mit Mandeln und Petersilie.

Tipp: Um perfekte knusprige Forelle zu bekommen, begießen Sie die Fische während des Bratens immer wieder mit der geschmolzenen Butter.

FRÄNKISCHER STOCKFISCH

4 Port.

70 Min.

Schwer

Zutaten

1,5 kg Stockfisch
(z. B. aus Kabeljau)
3 Brötchen
4 große Zwiebeln
7 EL Butter
2 EL Butterflocken
Salz und Pfeffer
geräuchertes Paprika-Gewürz

Nährwerte p. P.

573 kcal
34 g Kohlenhydrate
21 g Fett
72 g Eiweiß

1 Geben Sie den Stockfisch in einen großen Topf mit Wasser und köcheln Sie ihn so lange, bis Sie merken, dass sich die Gräten aus dem Fleisch lösen. Holen Sie den Fisch aus dem Wasser und entfernen Sie noch etwaige Gräten. Fangen Sie ca. 400 ml des Sudes auf.

2 Würfeln Sie die Brötchen und rösten Sie diese dann in einer großen Pfanne in 4 EL Butter.

3 Die Zwiebeln schälen und würfeln. Geben Sie die übrigen 3 EL Butter in eine große Pfanne, schwitzen Sie darin die Zwiebeln glasig an und würzen Sie sie mit 1 TL des geräucherten Paprika-Gewürzes und etwas Salz und Pfeffer. Vermengen Sie dann Zwiebeln und geröstete Brötchen.

4 Nehmen Sie eine große Auflaufform zur Hand und legen Sie als unterste Schicht etwas von dem entgräteten Fisch hinein, welchen Sie noch mit etwas Salz und Pfeffer würzen. Darauf kommt als nächste Schicht die Brötchen-Zwiebel-Mischung. Schichten Sie nun nach diesem Schema die Zutaten auf.

5 Geben Sie etwas von dem Fischsud darüber, bestreuen Sie alles mit den Butterflocken und backen Sie den Stockfisch dann für ca. 30 Minuten bei 180 °C Ober-/Unterhitze. Bei Bedarf können Sie noch etwas von dem Fischsud dazugeben.

FORELLEN-BURGER

4 Port.

40 Min.

Mittel

Zutaten

600 g Forellenfilets (entgrätet)
50 g Semmelbrösel
1 Schalotte
1 Ei
6 Burger-Brötchen
½ Bund Schnittlauch
12 Blätter Eisbergsalat
2 große Tomaten
200 g Schmand
1 Zehe Knoblauch
Salz und Pfeffer
¼ Zitrone
1 TL gemahlene Senfkörner
3 EL Rapsöl

Nährwerte p. P.

488 kcal
26 g Kohlenhydrate
27 g Fett
35 g Eiweiß

1 Schälen Sie die Schalotte, würfeln Sie sie fein und vermengen Sie sie dann mit den Semmelbröseln, dem Fischfilet, dem Ei, dem Saft der viertel Zitrone, den gemahlenen Senfkörnern und je einem TL Salz und Pfeffer. Waschen Sie den Schnittlauch, hacken Sie ihn fein und geben Sie auch diesen zum Fisch. Falls Sie einen Fleischwolf besitzen, drehen Sie die Zutaten nun durch diesen, um eine glatte Masse zu erhalten. Dies gelingt jedoch auch mit einem Pürierstab.

2 Geben Sie den Schmand in eine Schüssel, pressen Sie den Knoblauch dazu und schmecken Sie die Creme mit Salz und Pfeffer ab.

3 Waschen Sie den Salat und legen Sie ihn bereit. Waschen Sie die Tomaten und schneiden Sie diese in Scheiben.

4 Geben Sie das Rapsöl in eine große Pfanne, formen Sie aus der Fischmasse 6 Frikadellen und braten Sie diese dann im Öl auf mittlerer Hitze von beiden Seiten goldbraun an.

5 Halbieren Sie die Brötchen, rösten Sie sie in einer Pfanne oder einem Toaster etwas an und geben Sie dann auf die unteren Seiten je eine Portion der Schmand-Creme. Darauf kommt dann je eine der Fischfrikadellen, 2 Scheiben Salat und ein paar Scheiben der Tomaten.

TAGLIATELLE SALMONE

5 Port.

45 Min.

Mittel

Zutaten

500 g Lachsfilet (frisch oder tiefgekühlt)
400 g Tagliatelle
1 Schalotte
2 Zehen Knoblauch
200 g Schlagsahne
200 ml Weißwein (trocken)
100 ml Gemüsebrühe
200 g Tomaten (gestückelt)
2 TL Tomatenmark
½ Zitrone
3 EL Olivenöl
Salz und Pfeffer

Nährwerte p. P.

750 kcal
62 g Kohlenhydrate
37 g Fett
62 g Eiweiß

1 Kochen Sie die Tagliatelle nach Packungsanweisung in Salzwasser.

2 Würfeln Sie den Lachs und braten Sie ihn in 2 EL Olivenöl bei mittlerer Hitze rundum für ca. 8 Minuten an. Nehmen Sie den Lachs danach aus der Pfanne.

3 Schälen und hacken Sie die Schalotte fein. Einen weiteren EL Olivenöl in die Pfanne geben und die Schalotte darin glasig anschwitzen.

4 Sind die Zwiebeln glasig, pressen Sie den Knoblauch und das Tomatenmark dazu, schwitzen Sie beides ebenfalls kurz mit an und löschen Sie dann mit dem Weißwein ab.

5 Lassen Sie den Wein etwas einreduzieren und geben Sie dann Brühe und die gestückelten Tomaten dazu.

6 Pressen Sie den Saft der halben Zitrone dazu und schmecken Sie die Soße mit Salz und Pfeffer ab.

7 Fügen Sie die Sahne hinzu und lassen Sie die Soße noch einmal kur aufkochen. Abschließend den Lachs und die gekochten Tagliatelle hinzugeben und gut mit der Soße vermischen.

MEDITERRANE DORADE AUS DER PFANNE

4 Port.

35 Min.

Mittel

Zutaten

4 frische Doraden
3 Zitronen (Bio-Qualität)
7 Zehen Knoblauch
20 g Mehl
7 Zweige Rosmarin
5 EL Olivenöl
Salz und Pfeffer

Nährwerte p. P.

329 kcal
9 g Kohlenhydrate
19 g Fett
30 g Eiweiß

1 Nehmen Sie die Doraden aus, entschuppen Sie sie und waschen Sie sie dann gründlich unter fließendem Wasser von innen und außen ab.

2 Pressen Sie eine der Zitronen aus und bestreichen Sie die Doraden innen und außen mit dem Saft. Ebenso innen und außen salzen und pfeffern.

3 Schneiden Sie die übrigen Zitronen in Scheiben und füllen Sie die Fische damit. Waschen Sie den Rosmarin ab, schälen Sie den Knoblauch und geben Sie beides ebenfalls in die Doraden, welche sie dann mit Zahnstochern oder hölzernen Schaschlik-Spießen wieder verschließen.

4 Ritzen Sie die Fische mit einem scharfen Messer leicht ein, wenden Sie sie kurz beidseitig im Mehl und braten Sie sie dann in einer großen Pfanne auf mittlerer Hitze je ca. 7 Minuten pro Seite im Olivenöl an.

LACHSFILET MIT GEMÜSE AUS DEM OFEN

4 Port.

60 Min.

Mittel

Zutaten

500 g Lachsfilets (frisch)
2 Zwiebeln
500 g Kartoffeln
3 Karotten
1 rote Paprika
1 große Zucchini
300 g Tomaten
4 EL Olivenöl
4 Zweige Rosmarin
1 Zitronen
Salz und Pfeffer
1 TL Oregano

Nährwerte p. P.

536 kcal
34 g Kohlenhydrate
31 g Fett
34 g Eiweiß

1 Waschen Sie die Kartoffeln und schneiden Sie sie in kleine Spalten. Schälen und achteln Sie die Zwiebeln. Waschen Sie die Zucchini und die Karotten und schneiden Sie beides in Scheiben. Ebenso die Paprika waschen, von den Kernen befreien und in Streifen schneiden. Die Tomaten waschen und halbieren.

2 Geben Sie das Gemüse zusammen mit 3 EL Olivenöl, etwas Salz und Pfeffer, den Rosmarinzweigen und dem Oregano in eine große Schüssel und vermengen Sie alles so lange miteinander, bis das gesamte Gemüse mit dem Öl bedeckt ist.

3 Geben Sie das Gemüse in eine große Auflaufform oder auf ein Backblech und backen Sie es im Ofen bei 180 °C Ober-/Unterhitze für ca. 35 Minuten.

4 Braten Sie den Lachs im übrigen Olivenöl für ca. 1 ½ Minuten bei hoher Hitze an, würzen Sie ihn dann mit etwas Salz, Pfeffer und dem Saft der Zitrone und legen Sie die Filets auf das Gemüse im Ofen. Lassen Sie alles zusammen für nochmals ca. 10 bis 15 Minuten im Ofen.

FISH AND CHIPS – DER BRITISCHE KLASSIKER

2 Port.

50 Min.

Mittel

Zutaten

800 g Kartoffeln
700 g Kabeljau
400 g Mehl
3 TL Backpulver
300 ml Lager-Bier
9 EL Rapsöl
1 EL Butter
300 g Erbsen (tiefgekühlt)
5 Stängel frische Minze
Salz und Pfeffer

Nährwerte p. P.

869 kcal
105 g Kohlenhydrate
25 g Fett
47 g Eiweiß

1 Die Kartoffeln waschen und in Fritten schneiden. Diese in einer Schüssel mit 4 El des Öls, Salz und Pfeffer so lange vermengen, bis die Fritten überall mit dem Öl benetzt sind. Geben Sie sie dann auf ein Backblech und backen Sie sie für ca. 45 Minuten bei 180 °C Ober-/Unterhitze. Um eine bessere Kruste zu bekommen, können Sie den Ofen am Ende nochmals für 5 bis 7 Minuten auf 200 °C Umluftgrill stellen.

2 Das Mehl mit dem Backpulver und dem Bier in einer Schüssel mischen und mit einem Schneebesen glattrühren. Den Kabeljau in 5 bis 7 cm lange Stücke schneiden, mit Salz und Pfeffer würzen und dann die Stücke mehrmals in dem Bierteig wenden. Geben Sie das restliche Öl in eine Pfanne und braten Sie die Fischstückchen rundum goldbraun an.

3 Die Minze waschen, fein hacken und dann zusammen mit den Erbsen in 1 EL Butter für 15 Minuten anschwitzen. Sobald sie gar sind, die Erbsen mit einem Kartoffelstampfer oder einer großen Gabel zerdrücken und mit Salz und Pfeffer abschmecken.

Tipp: Im britischen Original werden Fish and Chips zusammen mit Malzessig serviert, welchen man über die Fritten und die Fischstückchen träufelt.

KARPFEN BLAU MIT SALZKARTOFFELN

2 Port.

50 Min.

Mittel

Zutaten

1 frischer Karpfen
800 g Kartoffeln
200 ml Weißweinessig
1 EL Butter
1 Zwiebel
2 Lorbeerblätter
10 Wacholderbeeren
1 Nelke
1 Zitrone (Bio-Qualität)
Salz und Pfeffer

Nährwerte p. P.

850 kcal
68 g Kohlenhydrate
32 g Fett
92 g Eiweiß

1 Schälen Sie die Kartoffeln und schneiden Sie sie in etwa gleichgroße Stücke. Bedecken Sie diese mit Wasser, geben Sie etwas Salz dazu und kochen Sie die Kartoffeln für ca. 25 bis 30 Minuten, bis Sie gar sind.

2 Schneiden Sie die Zitrone in Scheiben. Schälen Sie die Zwiebel und achteln Sie diese. Geben Sie dann die Zwiebeln und die Hälfte der Zitronenscheiben zusammen mit dem Essig, den Lorbeerblättern, je einer Prise Salz und Pfeffer, dem Wacholder und der Nelke in einen großen Topf mit ca. 2 l Wasser.

3 Kochen Sie diesen Sud für ca. 20 Minuten auf, reduzieren Sie dann die Temperatur auf eine sehr kleine Stufe und lassen Sie den Karpfen darin für 20 bis 25 Minuten garen.

4 Gießen Sie die Kartoffeln ab, geben Sie die Butter zusammen mit etwas Salz und Pfeffer zu ihnen und vermengen Sie alles gut miteinander. Servieren Sie die Kartoffeln mit dem Karpfen und den übrigen Zitronenscheiben.

FISCH-CURRY

4 Port.

50 Min.

Mittel

Zutaten

700 g frisches Fischfilet (Seelachs oder Rotbarsch)
3 Zwiebeln
2 Zehen Knoblauch
1 große Karotte
200 g frischer Spinat
1 Daumennagel-großes Stück Ingwer
400 ml Kokosmilch
1 Bund Frühlingszwiebeln
2 EL Sesamöl
4 EL rote Currypaste
1 Bund frischer Koriander
1 Zitrone
Salz

Nährwerte p. P.

642 kcal
23 g Kohlenhydrate
46 g Fett
30 g Eiweiß

1 Schälen und würfeln Sie Zwiebeln und Knoblauch. Waschen und hobeln Sie die Karotte. Schälen Sie den Ingwer und reiben Sie ihn fein. Waschen Sie die Frühlingszwiebeln und schneiden Sie sie in dünne Ringe.

2 Geben Sie das Sesamöl und die Currypaste in eine große Pfanne oder einen Wok und schwitzen Sie darin die Zwiebeln bei mittlerer Hitze glasig an. Geben Sie dann Karotte, Ingwer und Knoblauch dazu und braten Sie beides für ca. 2 Minuten mit an.

3 Löschen Sie das Gemüse mit der Kokosmilch ab und lassen Sie das Curry kurz aufkochen.

4 Tupfen Sie die Fischfilets mit einem Tuch ab und schneiden Sie sie in kleine Stücke. Waschen Sie Spinat und Koriander und hacken Sie zweiteren fein.

5 Geben Sie Fischfilets, Frühlingszwiebeln und den Saft der Zitrone mit in die Pfanne, reduzieren Sie die Hitze auf eine niedrige Stufe und lassen Sie das Curry für ca. 5 weitere Minuten köcheln.

6 Schmecken Sie das Curry mit Salz ab und servieren Sie es mit dem gehackten Koriander.

SCHWERTFISCH IN SHERRYSAUCE

 4 Port.

 30 Min.

 Mittel

Zutaten

300 g Schwertfisch
2 Zehen Knoblauch
1 rote Zwiebel
4 EL Olivenöl
2 Stängel Thymian
2 Tomaten
½ Zitrone
50 ml Sherry
300 g Weißbrot

Nährwerte p. P.

428 kcal
40 g Kohlenhydrate
18 g Fett
21 g Eiweiß

1 Zwiebel und Knoblauch schälen und würfeln. Den Fisch in große Würfel schneiden. Die Tomaten waschen und klein schneiden.

2 Geben Sie die Fischstücke zusammen mit Zwiebel, Knoblauch, Thymian und Olivenöl in ein passendes Gefäß und lassen Sie alles für mindestens 1 Stunde gekühlt ziehen.

3 Geben Sie den Fisch zusammen mit der Marinade in eine große Pfanne und braten Sie alles für ca. 5 Minuten bei mittlerer Hitze an.

4 Fügen Sie dann Tomaten und den Saft der halben Zitrone hinzu und erhöhen Sie kurzzeitig die Hitze etwas.

5 Löschen Sie den Fisch mit dem Sherry ab, salzen und pfeffern Sie das Gericht und servieren Sie es mit dem Weißbrot.

THUNFISCH-QUESADILLAS

4 Port.

25 Min.

Mittel

Zutaten

8 Tortilla-Fladen
1 Dose Thunfisch (im eigenen Saft)
200 g Cheddar
2 Eier
1 Dose Mais
Salz und Pfeffer

Nährwerte p. P.

589 kcal
50 g Kohlenhydrate
28 g Fett
31 g Eiweiß

1 Thunfisch und Mais abtropfen lassen und in einer großen Schüssel mit dem geriebenen Käse, den Eiern und etwas Salz und Pfeffer zu einer Masse verrühren.

2 Verstreichen Sie auf 4 Tortillas die Creme gleichmäßig und legen Sie auf jeden einen zweiten Tortilla als „Deckel". Braten Sie die Quesadillas von beiden Seiten in einer großen Pfanne knusprig an.

VERDURE TONNATO – GEMÜSE MIT THUNFISCHCREME

4 Port.

60 Min.

Mittel

Zutaten

1 Rote Bete
1 Pastinake
1 Knollensellerie
1 Süßkartoffel
1 Dose Thunfisch (im eigenen Saft)
1 TL Kapern
2 El Olivenöl
3 Sardellenfilets
200 g Mayonnaise
½ Zitrone (Bio-Qualität)
Salz und Pfeffer

Nährwerte p. P.

615 kcal
20 g Kohlenhydrate
51 g Fett
17 g Eiweiß

1 Schälen Sie das Gemüse und schneiden Sie es in feine Scheiben, bestreichen Sie es mit dem Olivenöl und backen Sie es im Ofen bei 180 °C Ober-/Unterhitze für ca. 20 bis 30 Minuten an, bis es beginnt, sich langsam goldbraun zu färben.

2 Nehmen Sie das Gemüse aus dem Ofen und lassen Sie es vollständig auskühlen.

3 Gießen Sie den Thunfisch ab und geben Sie ihn zusammen mit den Sardellenfilets, Mayonnaise, Saft und Schalenabrieb der halben Zitrone sowie mit etwas Salz und Pfeffer in einen Mixer und pürieren Sie das Ganze zu einer glatten Creme.

4 Geben Sie auf einen Teller abwechselnd Schichten von Thunfisch-Mayonnaise und den Gemüse-Scheiben, bis alles verbraucht ist. Die oberste Schicht sollte aus der Mayonnaise bestehen.

5 Geben Sie abschließend die Kapern, etwas Pfeffer und ein paar Spritzer Olivenöl obenauf.

SCHNELLES LACHS-CASHEW-CURRY

4 Port.

30 Min.

Mittel

Zutaten

4 frische Lachsfilets
200 ml Kokosmilch
120 g Cashewkerne
2 EL Cashewmus
1 Zitrone
2 EL rote Currypaste
2 EL Kokosöl
½ Bund frischer Koriander
1 TL Paprika, rosenscharf
Salz und Pfeffer

Nährwerte p. P.

946 kcal
23 g Kohlenhydrate
68 g Fett
61 g Eiweiß

1 Geben Sie Kokosmilch, Cashewkerne und -mus mit der Currypaste in einen Mixer und pürieren Sie alles zu einer glatten Creme. Waschen und hacken Sie den Koriander fein.

2 Tupfen Sie die Filets trocken, würzen Sie sie mit etwas Salz, dem Saft der Zitrone und dem Paprikapulver und braten Sie es dann für ca. 2 Minuten von jeder Seite an. Achten Sie dabei darauf, den Fisch nur einmal zu wenden, um ein Auseinanderfallen zu verhindern.

3 Geben Sie dann die Cashewcreme mit in die Pfanne, köcheln Sie alles für etwa 5 Minuten und rühren Sie dann den Koriander mit ein.

SEELACHS IN MEERRETTICHKRUSTE MIT SPINAT

4 Port.

60 Min.

Mittel

Zutaten

800 g Seelachsfilet
100 g Paniermehl
100 g Butter
50 g frischer Meerrettich
1 Eigelb
1 Zitrone
1 Stängel frischer Thymian
1 Stängel frischer Rosmarin
400 g frischer Spinat
1 Zwiebel
50 ml Sahne
½ TL Muskatnuss (gemahlen)
2 EL Olivenöl
Salz und Pfeffer

Nährwerte p. P.

670 kcal
25 g Kohlenhydrate
17 g Fett
35 g Eiweiß

1 80 g der Butter in der Mikrowelle oder einem kleinen Topf erhitzen, so dass sie flüssig wird. Rosmarin und Thymian waschen und klein hacken. Die Zwiebel schälen und würfeln. Den Spinat waschen.

2 Verrühren Sie die Creme dann mit dem Eigelb zu einer schaumigen Creme, in welche Sie den Meerrettich hineinreiben und etwas Salz, den Thymian, den Rosmarin und das Paniermehl hinzufügen.

3 Tupfen Sie den Seelachs mit einem Küchentuch trocken, würzen Sie die Filets mit je einer Prise Salz und dem Saft der Zitrone und geben Sie sie dann in eine mit Olivenöl bestrichene Auflaufform.

4 Bestreichen Sie den Fisch mit der Meerrettich-Creme und braten Sie ihn für ca. 20 Minuten bei 190 °C Ober-/Unterhitze. Um eine wirklich knusprige Panade zu bekommen, konnen Sie am Ende noch einmal kurz die Temperatur erhöhen und auf den Umluftgrill umschalten.

5 Während der Fisch gart, die übrigen 20 g Butter in einem kleinen Topf schmelzen und darin die Zwiebel glasig anschwitzen. Geben Sie nach ca. 3 bis 4 Minuten den Spinat dazu und würzen Sie mit einer Prise Salz und der gemahlenen Muskatnuss.

6 Nach ca. 5 Minuten die Sahne zum Spinat hinzufügen, für ein paar Minuten mit köcheln lassen und dann Spinat zusammen mit den Fischfilets servieren.

Gerichte mit Meeresfrüchten

SCAMPI-RISOTTO

4 Port.

70 Min.

Schwer

Zutaten

250 g Risottoreis
1 ½ Liter Gemüsebrühe
1 Zwiebel
6 EL Olivenöl
45 g Butter
100 g Parmesan
2 Zehen Knoblauch
400 g geschälte Scampi
2 Stängel frische Petersilie
80 ml Weißwein (trocken)
2 EL Cognac
Salz und Pfeffer

Nährwerte p. P.

537 kcal
20 g Kohlenhydrate
36 g Fett
28 g Eiweiß

1 Schälen Sie die Zwiebel und hacken Sie sie in feine Würfel. Geben Sie 3 EL Olivenöl in einen Topf und schwitzen Sie darin die Zwiebelwürfel glasig an.

2 Geben Sie den Risottoreis mit der Butter mit in die Pfanne und lassen Sie ihn für 5 Minuten mit braten.

3 Löschen Sie das Risotto mit der Hälfte des Weißweins ab. Sobald dieser verkocht ist, geben Sie immer im Wechsel etwas von der Brühe und dem Wein hinzu und lassen es ebenfalls verkochen. Dieses Prozedere für ca. 30 bis 40 Minuten wiederholen, bis das Risotto die typische, „schlotzige“ Konsistenz hat.

4 Während das Risotto kocht, 3 El Olivenöl in einer Pfanne erhitzen und darin die Scampi von allen Seiten knusprig anbraten.

5 Den Knoblauch in feine Stifte schneiden, zu den Scampi geben und kurz mit anbraten. Geben Sie dann den Cognac zu Scampi und Knoblauch und flambieren Sie beides kurz darin.

6 Reiben Sie den Parmesan, geben Sie die Hälfte davon zum Risotto und schmecken Sie es dann mit Salz und Pfeffer ab. Waschen Sie die Petersilie und hacken Sie sie fein.

7 Teilen Sie das Risotto auf 4 tiefe Teller auf, richten Sie die Scampi darauf an, geben Sie etwas Petersilie als Garnitur dazu und servieren Sie es mit dem übrigen Parmesan.

PIZZA FRUTTI DI MARE

5 Port.

35 Min.

Leicht

Zutaten

500 g Mehl
8 g Trockenhefe
½ TL Zucker
7 EL Olivenöl
200 g Garnelen (geschält)
200 g Miesmuscheln
100 g Tintenfisch
400 g Tomaten (in Stücken)
1 EL Oregano
1 EL Basilikum
3 Zehen Knoblauch
200 g Mozzarella
Salz und Pfeffer

Nährwerte p. P.

722 kcal
30 g Kohlenhydrate
30 g Fett
37 g Eiweiß

1 Geben Sie die Hefe und den Zucker in ca. 300 ml lauwarmes Wasser.

2 Das Mehl mit 1 TL Salz und 2 EL Olivenöl in einer Schüssel verrühren, darin eine kleine Mulde bilden, in welche die Hefemischung hineinkommt. Alles zu einem Teig kneten. Dieser Teig muss mit einem Geschirrtuch zugedeckt für mindestens eine Stunde gehen.

3 Geben Sie 3 EL Olivenöl in eine Pfanne, braten Sie darin den Knoblauch für eine Minute bei mittlerer Hitze an und geben Sie dann die Tomaten, Oregano, Basilikum und je eine Prise Salz und Pfeffer dazu. Diese Soße für 3 bis 4 Minuten köcheln lassen und dann vom Herd nehmen.

4 Den aufgegangenen Teig zu 5 Kugeln formen und diese auf einer mit Mehl bestreuten Oberfläche zu Fladen ausrollen.

5 Beträufeln Sie die Pizzen mit dem übrigen Olivenöl und verteilen Sie dann die Sauce gleichmäßig.

6 Die Meeresfrüchte auftauen, falls sie tiefgekühlt waren, in mundgerechte Stücke zerkleinern und auf die Pizzen geben. Den Mozzarella in kleine Stücke rupfen und die Pizzen damit bestreuen.

7 Heizen Sie den Ofen auf 280 °C vor. Die Pizzen müssen nun je nach Leistung des Ofens 5 bis 10 Minuten darin aufbacken. Noch schneller geht dies, wenn Sie einen Pizzastein verwenden.

SPAGHETTI VONGOLE – SPAGHETTI MIT VENUSMUSCHELN

2 Port.

50 Min.

Mittel

Zutaten

250 g Spaghetti
500 g Venusmuscheln
2 Zehen Knoblauch
3 EL Olivenöl
70 ml Weißwein (trocken)
10 kleine Tomaten
1 kleine rote Chilischote
5 Stängel glatte Petersilie (frisch)
Salz und Pfeffer

Nährwerte p. P.

869 kcal
105 g Kohlenhydrate
25 g Fett
47 g Eiweiß

1 Legen Sie die Muscheln für 2 bis 3 Stunden in kaltem Salzwasser ein und entfernen Sie geöffnete oder beschädigte Muscheln.

2 Kochen Sie die Spaghetti gemäß der Packungsanweisung in Salzwasser bissfest.

3 Waschen Sie die Chili, befreien Sie sie von den Kernen und hacken Sie sie in feine Streifen. Ebenso den Knoblauch schälen und fein hacken. Die Petersilie waschen und fein hacken. Die Tomaten waschen und vierteln.

4 Erhitzen Sie das Olivenöl in einer großen Pfanne auf mittlerer Stufe und braten Sie darin Chili und Knoblauch an. Geben Sie dann die Muscheln mit in die Pfanne und braten Sie diese für ca. 5 Minuten mit an.

5 Löschen Sie die Muscheln mit dem Weißwein ab und geben Sie dann Tomaten und Petersilie dazu.

6 Gießen Sie die Spaghetti durch ein Sieb ab, geben Sie sie mit in die Pfanne, vermengen Sie alles gut miteinander und schmecken Sie mit Salz und Pfeffer ab.

ÜBERBACKENE MEERESFRÜCHTE

5 Port.

40 Min.

Mittel

Zutaten

200 g Miesmuschel-Fleisch
200 g Garnelen (geschält)
200 g Calamari-Fleisch
600 g Tomaten (gestückelt, Dose)
2 Zwiebeln
300 g Feta
2 Zehen Knoblauch
1 ½ Bund frische Petersilie (glatt)
Salz und Pfeffer
2 EL Olivenöl

Nährwerte p. P.

812 kcal
10 g Kohlenhydrate
70 g Fett
32 g Eiweiß

1 Muscheln, Garnelen und Calamari mit Papiertüchern abtupfen und ggf. in mundgerechte Stücke schneiden. Die Petersilie waschen und fein hacken.

2 Zwiebeln und Knoblauch schälen, fein würfeln und in einer Pfanne mit dem Olivenöl bei mittlerer Hitze glasig anschwitzen. Geben Sie dann Muscheln, Garnelen und Calamari dazu und braten Sie diese für 4 bis 5 Minuten mit an.

3 Geben Sie dann die gestückelten Tomaten dazu, lassen Sie alles kurz aufkochen und füllen Sie es dann in eine Auflaufform. Zerbrechen Sie den Feta mit den Händen und verteilen Sie ihn auf den Meeresfrüchten.

4 Geben Sie die Form für ca. 20 Minuten bei 180 °C Ober-/Unterhitze in den Ofen, bis die Meeresfrüchte mit dem Feta überbacken sind, und servieren Sie das Gericht mit der frischen Petersilie.

MEERESFRÜCHTE IN BLÄTTERTEIG

4 Port.

45 Min.

Schwer

Zutaten

500 g gemischte Meeresfrüchte
2 Rollen Blätterteig (ca. 500 g)
2 Schalotten
2 Zehen Knoblauch
½ Bund frische Petersilie
150 ml Weißwein (trocken)
150 g Crème fraîche
2 El Olivenöl
Salz und Pfeffer

Nährwerte p. P.

194 kcal
51 g Kohlenhydrate
49 g Fett
30 g Eiweiß

1 Die Meeresfrüchte mit einem Tuch trocken tupfen. Schalotten und Knoblauch schälen und würfeln. Die Petersilie waschen und fein hacken.

2 Schneiden Sie aus dem Blätterteig quadratische Formen aus und klappen Sie deren Ecken zum Mittelpunkt nach innen, so dass wieder eine quadratische Form entsteht. Lassen Sie diese Formen bei 180 °C Ober-/Unterhitze für 15 bis 20 Minuten aufbacken, so dass kleine Behälter aus Blätterteig entstehen.

3 Erhitzen Sie das Olivenöl in einer Pfanne auf mittlerer Stufe und schwitzen Sie darin Schalotten und Knoblauch glasig an. Geben Sie die Meeresfrüchte dazu und braten Sie sie für ca. 5 Minuten mit an. Löschen Sie sie dann mit dem Weißwein ab und lassen sie diesen etwas einreduzieren. Dann Crème fraîche und Petersilie hinzufügen und mit Salz und Pfeffer abschmecken.

4 Füllen Sie die vorbereiteten Blätterteigformen mit den Meeresfrüchten und backen Sie sie dann nochmals für ca. 7 Minuten bei 180 °C Ober-/Unterhitze.

PESCETARISCHE PAELLA

4 Port.

45 Min.

Mittel

Zutaten

900 g Meeresfrüchte (frisch oder tiefgekühlt)
400 g Erbsen
3 Zwiebeln
3 Zehen Knoblauch
2 rote Paprika
5 EL Olivenöl
350 g Reis (Langkorn)
800 ml Gemüsebrühe
2 Briefchen Safranfäden
1 Zitrone
Salz und Pfeffer

Nährwerte p. P.

551 kcal
41 g Kohlenhydrate
21 g Fett
47 g Eiweiß

1 Falls Sie tiefgekühlte Meeresfrüchte nutzen, lassen Sie diese auftauen.

2 Die Meeresfrüchte in einer großen Pfanne mit 3 EL Olivenöl für ca. 8 Minuten scharf anbraten. Nehmen Sie sie danach wieder aus der Pfanne und halten Sie sie warm.

3 Zwiebeln und Knoblauch schälen und fein hacken. Die Paprika waschen, von den Kernen befreien und in mundgerechte Stücke schneiden. Geben Sie noch 2 EL Olivenöl in die Pfanne und schwitzen Sie Paprika, Zwiebeln und Knoblauch auf mittlerer Hitze für 7 bis 10 Minuten an.

4 Geben Sie den Reis mit in die Pfanne, braten Sie ihn für ca. 5 Minuten mit an und löschen Sie dann mit der Gemüsebrühe ab. Rühren Sie den Safran mit unter die Paella und lassen Sie sie für ca. 30 Minuten köcheln, bis der Reis die Brühe aufgesogen hat.

5 Geben Sie zuletzt noch die Erbsen und die bereits angebratenen Meeresfrüchte wieder in die Pfanne, vermengen Sie alles gut miteinander und schmecken Sie mit Salz, Pfeffer und dem Saft der Zitrone ab.

MEDITERRANE MUSCHELSUPPE

4 Port.

50 Min.

Leicht

Zutaten

1 kg frische Miesmuscheln
400 g Lauch
2 Zehen Knoblauch
2 EL Butter
2 El Olivenöl
200 ml Weißwein (trocken)
½ Zitrone
½ Bund Petersilie
200 g Sahne
400 ml Fischfond
700 ml Gemüsebrühe
Salz und Pfeffer

Nährwerte p. P.

630 kcal
21 g Kohlenhydrate
34 g Fett
49 g Eiweiß

1 Legen Sie die Muscheln für 1 Stunde in kaltem Salzwasser ein, putzen Sie sie etwas und entfernen Sie anschließend beschädigte oder offene Exemplare.

2 Waschen Sie den Lauch und schneiden Sie ihn in feine Ringe. Schälen und würfeln Sie den Knoblauch.

3 Erhitzen Sie Olivenöl und Butter in einem großen Topf und schwitzen Sie darin Lauch und Knoblauch für ca. 7 Minuten an.

4 Löschen Sie mit Weißwein ab und lassen Sie diesen ca. zur Hälfte einreduzieren, bevor Sie Fischfond und Brühe aufgießen.

5 Geben Sie die Muscheln in die Suppe und lassen Sie diese für ca. 10 Minuten köcheln.

6 Waschen Sie die Petersilie und hacken Sie sie fein.

7 Geben Sie Sahne, den Saft der halben Zitrone und die Petersilie mit zur Suppe, rühren Sie alles gut unter und schmecken Sie mit Salz und Pfeffer ab.

GEGRILLTE GAMBAS

4 Port.

35 Min.

Leicht

Zutaten

1 kg frische Gambas mit Schale
500 ml trockener Weißwein
300 ml Olivenöl
1 Zitrone
6 Zehen Knoblauch
Salz und Pfeffer

Nährwerte p. P.

435 kcal
3 g Kohlenhydrate
25 g Fett
50 g Eiweiß

1 Schälen und würfeln Sie den Knoblauch. Schneiden Sie die Zitrone in Scheiben.

2 Geben Sie Gambas, Weißwein, Olivenöl, Zitronenscheiben und Knoblauch mit je einer guten Portion Salz und Pfeffer in eine große Schüssel und vermengen Sie alles gut miteinander.

3 Verschließen Sie die Schüssel und lassen Sie die Gambas für mindestens 8 Stunden in der Marinade ziehen.

4 Braten Sie die Gambas auf dem (Holzkohle-) Grill für ca. 4 Minuten pro Seite an.

JAKOBSMUSCHELN MIT ZITRONENBUTTER-SPAGHETTI

5 Port.

45 Min.

Mittel

Zutaten

14 frische Jakobsmuscheln
250 g Butter
500 g Spaghetti
4 Zehen Knoblauch
2 Zitronen (Bio-Qualität)
½ Bund Petersilie
2 EL Olivenöl
Salz und Pfeffer

Nährwerte p. P.

805 kcal
73 g Kohlenhydrate
48 g Fett
18 g Eiweiß

1 Die Spaghetti in Salzwasser nach Packungsanweisung bissfest kochen.

2 Knoblauch schälen und fein schneiden oder hobeln. Petersilie waschen und fein hacken.

3 Das Olivenöl mit 50 g Butter in einer großen Pfanne auf mittlerer Stufe erhitzen und die Muscheln darin von beiden Seiten ca. 3 Minuten anbraten, bis sie eine goldbraune Farbe annehmen.

4 Nehmen Sie die Muscheln dann aus der Pfanne und stellen Sie sie in einem warmen Gefäß beiseite.

5 Die restliche Butter in die Pfanne geben und darin den Knoblauch für 10 Minuten anbraten. Dabei erhält die Butter eine dunklere Farbe.

6 Die gekochten Nudeln absieben, mit in die Pfanne geben und den Saft der Zitronen sowie deren Schalenabrieb hinzufügen.

7 Heben Sie dann noch die Muscheln mit unter die Pasta und servieren Sie das Gericht mit der gehackten Petersilie.

MIESMUSCHELN IN WEIẞWEINSAUCE

5 Port.

60 Min.

Mittel

Zutaten

3 kg Miesmuscheln
4 Zehen Knoblauch
1 Zwiebel
3 Zehen Knoblauch
4 Tomaten
3 Lorbeerblätter
300 ml Weißwein (trocken)
300 ml Gemüsebrühe
1 Lauch
2 Karotten
1 Bund frische Petersilie
4 EL Olivenöl
Salz und Pfeffer

Nährwerte p. P.

713 kcal
37 g Kohlenhydrate
16 g Fett
89 g Eiweiß

1 Legen Sie die Muscheln für ca. 1 Stunde in kaltem Salzwasser ein, putzen Sie sie und entsorgen Sie etwaige beschädigte oder bereits geöffnete Exemplare.

2 Schälen und würfeln Sie die Zwiebel und den Knoblauch. Karotten und Tomaten waschen und würfeln. Den Lauch gründlich waschen und in feine Ringe schneiden. Die Petersilie waschen und fein hacken.

3 Erhitzen Sie das Olivenöl in einer großen Pfanne auf mittlerer Hitze und schwitzen Sie darin Zwiebel und Knoblauch glasig an. Fügen Sie dann Lauch, Lorbeer, Karotten und Tomaten hinzu und braten Sie alles für weitere 5 Minuten.

4 Löschen Sie das Gemüse mit dem Weißwein und der Brühe ab und lassen Sie den Sud für 7 bis 10 Minuten köcheln.

5 Geben Sie dann die Muscheln mit in den Topf, erhöhen Sie die Hitze auf eine hohe Stufe und garen Sie sie für ca. 10 Minuten mit.

6 Servieren Sie die Muscheln mit der gehackten Petersilie bestreut.

CALAMARI IN PIKANTER TOMATENSAUCE

4 Port.

50 Min.

Mittel

Zutaten

1 kg Calamari-Tuben
800 g gehackte Tomaten (Dose)
4 EL Tomatenmark
100 ml Weißwein (trocken)
4 Zwiebeln
4 Zehen Knoblauch
4 Stängel Thymian
½ Bund frische Petersilie
2 Lorbeerblätter
200 g Oliven (ohne Stein)
2 rote Chilis
4 EL Olivenöl
Salz und Pfeffer

Nährwerte p. P.

598 kcal
32 g Kohlenhydrate
26 g Fett
52 g Eiweiß

1 Waschen Sie die Calamari, tupfen Sie sie trocken und schneiden Sie sie in Ringe. Zwiebeln und Knoblauch schälen und fein würfeln. Die Oliven in Ringe schneiden. Chili waschen, halbieren und in kleine Stifte schneiden. Die Petersilie waschen und fein hacken.

2 Erhitzen Sie das Olivenöl bei mittlerer Hitze in einem Topf oder einer hohen Pfanne und schwitzen Sie darin Zwiebeln und Knoblauch glasig an. Fügen Sie dann die Chilis und das Tomatenmark hinzu und braten Sie beides für 3 Minuten mit an.

3 Geben Sie die Calamari-Ringe dazu, braten Sie diese ebenfalls für ein paar Minuten mit an und löschen Sie mit dem Weißwein ab. Sobald dieser etwa zur Hälfte eingekocht ist, die gehackten Tomaten, die Lorbeerblätter und den Thymian hinzufügen. Lassen Sie alles jetzt für ca. 30 Minuten unter gelegentlichem Umrühren köcheln.

4 Vor dem Servieren die Oliven noch kurz mit in der Sauce erwärmen und dann die Petersilie über die Calamari streuen.

CALAMARI FRITTI – FRITTIERTE TINTENFISCHRINGE

4 Port.

25 Min.

Mittel

Zutaten

800 g Calamari-Tuben
250 ml Rapsöl
200 g Mehl
1 TL Oregano
1 Zitrone (Bio-Qualität)
Salz und Pfeffer

Nährwerte p. P.

496 kcal
23 g Kohlenhydrate
27 g Fett
39 g Eiweiß

1 Die Calamari-Tuben waschen und in Ringe schneiden.

2 Mehl mit Oregano, etwas vom Zitronenschalenabrieb und je einer Prise Salz und Pfeffer vermengen und darin die Calamari mehrmals wenden und etwas von der Panade an alle Stellen bringen.

3 Das Öl in einem Topf erhitzen. Es sollte zum Frittieren eine Temperatur zwischen 160 °C und 170 °C haben. Überprüfen Sie diese, falls Sie ein entsprechendes Thermometer besitzen.

4 Frittieren Sie die Calamari für ca. 3 Minuten im heißen Öl und beträufeln Sie sie zum Servieren mit dem Saft der Zitrone.